한자능력검정시험의 급수는 어떻게 나누어지나요?

한자능력검정시험은 공인급수와 교육급수로 나누어져 있으며,
8급에서 1급까지 배정되어 있습니다. 특급·특급Ⅱ는 민간자격급수입니다.

한자능력검정시험 급수 배정표

급수		읽기	쓰기	수준 및 특성
교육급수	8급	50	0	한자 학습 동기 부여를 위한 급수
	7급Ⅱ	100	0	기초 상용한자
	7급	150	0	기초 상용한자
	6급Ⅱ	225	50	기초 상용한자
	6급	300	150	기초 상용한자
	5급Ⅱ	400	225	중급 상용한자 활용의 초급 단계
	5급	500	300	중급 상용한자 활용의 초급 단계
	4급Ⅱ	750	400	중급 상용한자 활용의 중급 단계
	4급	1,000	500	중급 상용한자 활용의 고급 단계
공인급수	3급Ⅱ	1,500	750	고급 상용한자 활용의 초급 단계
	3급	1,817	1,000	고급 상용한자 활용의 중급 단계
	2급	2,355	1,817	상용한자를 활용하는 것은 물론 인명지명용 기초한자 활용 단계
	1급	3,500	2,005	국한혼용 고전을 불편 없이 읽고, 연구할 수 있는 수준 초급
특급Ⅱ		4,918	2,355	국한혼용 고전을 불편 없이 읽고, 연구할 수 있는 수준 중급
특급		5,978	3,500	국한혼용 고전을 불편 없이 읽고, 연구할 수 있는 수준 고급

한자능력검정시험 합격 기준표

구분	특급·특급Ⅱ	공인급수				교육급수								
		1급	2급	3급	3급Ⅱ	4급	4급Ⅱ	5급	5급Ⅱ	6급	6급Ⅱ	7급	7급Ⅱ	8급
출제문항수	200	200	150	150	150	100	100	100	100	90	80	70	60	50
합격문항수	160	160	105	105	105	70	70	70	70	63	56	49	42	35
시험시간	100분	90분	60분			50분								

※특급·특급Ⅱ·1급은 출제 문항수의 80% 이상, 2급~8급은 70% 이상 득점하면 합격입니다.

 한자능력검정시험에 합격하면 어떤 좋은 점이 있나요?

• 1급~3급Ⅱ를 취득하면 국가 공인 자격증으로서, 초·중·고등학교 생활 기록부
의 자격증란에 기재되고, 4급~8급을 취득하면 세부 능력 및 특기 사항란에 기재됩니다.
• 대학 입시 수시 모집 및 특기자 전형에 지원이 가능합니다.
• 대학 입시 면접에 가산점 부여 및 졸업 인증, 학점 반영 등 혜택이 주어집니다.
• 언론사, 기업체의 입사·승진 등 인사 고과에 반영됩니다.

5급 빨리따기 구성과 특징

5급 한자 500자를 ①, ②, ③, ④과정으로 분권하여 구성하였습니다. 두꺼운 분량의 책으로 공부할 때보다 학습자의 성취감을 높여줍니다.

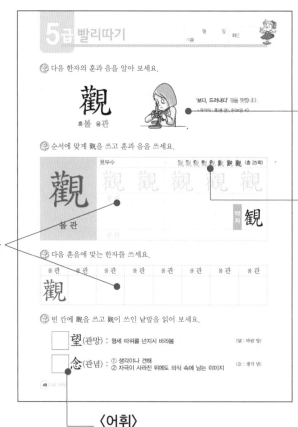

〈그림〉
한자의 훈에 해당하는 개념을 그림으로 표현하여 쉽게 이해하도록 합니다.

〈획순〉
한자를 바르게 쓸 수 있도록 획순을 제시하였습니다.
(획순은 학자마다 약간씩 견해 차이가 있습니다.)

〈쓰기〉
따라쓰기, 훈음쓰기, 어휘쓰기 등의 단계를 거치면서 총 20회의 쓰기 연습을 합니다.

〈어휘〉
다른자와 결합된 단어를 학습하여 어휘력을 높이도록 하였습니다.

5 기탄급수한자 급 빨리따기

5급·5급Ⅱ 공용 5급은 ①②③④과정 전 4권으로 구성되어 있습니다. ①과정

왜, 기탄급수한자일까요?

전국적으로 초,중,고 학생들에게 급수한자 열풍이 대단합니다.
2005학년도 대학 수학 능력 시험부터 제2외국어 영역에 한문 과목이 추가되고, 한자 공인 급수 자격증에 대한 각종 특전이 부여됨에 따라 한자 조기 교육에 가속도가 붙고 있습니다. 이러한 교육 환경에서 초등학생의 한자 학습에 대한 열풍은 자연스럽게 한자능력검정시험에까지 이어지고 있습니다.

이에 발맞추어 기탄교육은 국내 유일의 초등학생 전용 급수한자 학습지《기탄급수한자 빨리따기》를 선보이게 되었습니다. 《기탄급수한자 빨리따기》는 초등학생의 수준에 딱 맞도록 구성되어 더욱 쉽고 빠르게 원하는 급수를 취득할 수 있습니다. 이제 초등학생들의 한자능력검정시험 준비는 《기탄급수한자 빨리따기》로 시작하세요. 한자 학습의 목표를 정해 주어 학습 성취도가 높고, 공부하는 재미를 동시에 느낄 수 있습니다.

《기탄급수한자 빨리따기》 이런 점이 좋아요.

• 두꺼운 분량의 문제집이 아닌 각 급수별로 분권하여 학습 성취도가 높습니다.
• 충분한 쓰기 연습량으로 목표하는 급수 자격증을 빠르게 취득할 수 있습니다.
• 출제 유형을 꼼꼼히 분석한 기출예상문제풀이로 시험 대비에 효과적입니다.
• 만화, 전래 동화, 수수께끼 등 다양한 학습법으로 지루하지 않게 공부합니다.

한자능력검정시험이란 무엇인가요?

 사단법인 한국어문회에서 주관하고 한국한자능력검정회가 시행하는 한자 활용능력 시험을 말합니다. 1992년 12월 9일 1회 시험이 시행되었고, 2001년 1월 1일 이후로 국가 공인자격시험(1급~3급Ⅱ)으로 치러지고 있습니다.

 한자능력검정시험은 언제, 어떻게 치르나요?

 정규 시험은 공인급수 시험과 교육급수 시험을 별도로 실시합니다. (한국한자능력검정회 홈페이지 참조 http://www.hanja.re.kr)
응시 자격은 8급~특급까지 연령, 성별, 학력 제한 없이 모든 급수에 응시할 수 있습니다.

한자능력검정시험에는 어떤 문제가 나오나요?

급수별로 자세한 내용은 다음과 같습니다.

한자능력검정시험 출제 유형

구분	특급	특급Ⅱ	공인급수				교육급수								
			1급	2급	3급	3급Ⅱ	4급	4급Ⅱ	5급	5급Ⅱ	6급	6급Ⅱ	7급	7급Ⅱ	8급
읽기 배정 한자	5,978	4,918	3,500	2,355	1,817	1,500	1,000	750	500	400	300	225	150	100	50
쓰기 배정 한자	3,500	2,355	2,005	1,817	1,000	750	500	400	300	225	150	50	0	0	0
독음	50	50	50	45	45	45	32	35	35	35	33	32	32	22	24
훈음	32	32	32	27	27	27	22	22	23	23	22	29	30	30	24
장단음	10	10	10	5	5	5	3	0	0	0	0	0	0	0	0
반의어	10	10	10	10	10	10	3	3	3	3	2	2	2	2	0
완성형	15	15	15	10	10	10	5	5	4	4	3	2	2	2	0
부수	10	10	10	5	5	5	3	3	0	0	0	0	0	0	0
동의어	10	10	10	5	5	5	3	3	3	3	2	0	0	0	0
동음이의어	10	10	10	5	5	5	3	3	3	3	2	0	0	0	0
뜻풀이	10	10	10	5	5	5	3	3	3	3	2	2	2	2	0
필순	0	0	0	0	0	0	0	0	3	3	3	3	2	2	2
약자	3	3	3	3	3	3	3	3	3	3	0	0	0	0	0
한자 쓰기	40	40	40	30	30	30	20	20	20	20	20	10	0	0	0

※쓰기 배정 한자는 한두 급수 아래의 읽기 배정 한자이거나 그 범위 내에 있습니다.
※출제 유형표는 기본 지침 자료로서, 출제자의 의도에 따라 차이가 있을 수 있습니다.

〈도입〉
5급·5급Ⅱ 신출 한자를 가나다 순으로 정리하여 그림과 함께 소개합니다.

〈만화로 익히는 고사성어〉
고사성어를 만화로 표현하여 고사의 유래와 참뜻을 흥미롭게 익힙니다.

〈이야기로 익히는 한자〉
학습 한자의 훈과 음을 문장 속에서 적용시켜 응용력을 높입니다.

〈한자 수수께끼〉
한자 수수께끼를 통하여 한자 공부에 재미를 느끼게 합니다.

〈기출 및 예상 문제〉
시험에 출제되었던 문제와 예상 문제를 통하여 실력을 다집니다.

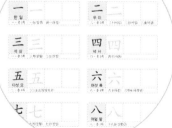

〈부록〉
8급, 7급·7급Ⅱ 한자 150자를 복습합니다.

〈모의 한자능력검정시험〉
실제 시험 출제 유형과 똑같은 모의 한자능력검정시험 3회를 통하여 실전 감각을 높일 수 있습니다.

〈답안지〉
실제 시험과 똑같은 모양의 답안 작성 연습으로 실수를 줄일 수 있습니다.

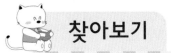

찾아보기　　5급 신출 한자 200자 (*는 5급Ⅱ 배정 한자)

加(가)　❶-8
①과정 8쪽

 加 더할 가

 價 값 가

 可 옳을 가

 改 고칠 개

 客 손 객

去 갈 거

 擧 들 거

 件 물건 건

 建 세울 건

 健 굳셀 건

🌸 다음 한자의 훈과 음을 알아 보세요.

加

훈 더할 음 가

'더하다, 보태다' 등을 뜻합니다.

🌸 순서에 맞게 加를 쓰고 훈과 음을 쓰세요.

加 더할 가	力부수			加 加 加 加 加 (총 5획)	
	加	加	加	加	加
	더할 가				
	더할 가				

🌸 다음 훈음에 맞는 한자를 쓰세요.

더할 가	더할 가	더할 가	더할 가	더할 가	더할 가	더할 가	더할 가
加							

🌸 빈 칸에 加를 쓰고 加가 쓰인 낱말을 읽어 보세요.

☐ 工 (가공) : 원료나 재료에 손을 대어 새로운 물건을 만드는 일 (工 : 장인 공)

☐ 重 (가중) : ① 더 무거워짐
② 죄가 더 무거워짐, 형벌을 더 무겁게 함. (重 : 무거울 중)

❀ 다음 한자의 훈과 음을 알아 보세요.

價

훈값 음가

'값, 가격' 등을 뜻합니다.

❀ 순서에 맞게 價를 쓰고 훈과 음을 쓰세요.

價	イ(人)부수 價價價價價價價價價價價價價價價(총 15획)				
	價	價	價	價	價
	값가				
					약자 価
값 가	값가				

❀ 다음 훈음에 맞는 한자를 쓰세요.

값 가	값 가	값 가	값 가	값 가	값 가	값 가	값 가
價							

❀ 빈 칸에 價를 쓰고 價가 쓰인 낱말을 읽어 보세요.

定☐ (정가) : ① 정해 놓은 값 ② 값을 정함　　(定 : 정할 정)

物☐ (물가) : ① 물건의 값 ② 상품의 시장 가격　　(物 : 물건 물)

5급 빨리따기

🌸 다음 한자의 훈과 음을 알아 보세요.

可

훈 옳을 음 가

'옳다, 가능하다' 등을 뜻합니다.

🌸 순서에 맞게 可를 쓰고 훈과 음을 쓰세요.

可	口부수			可 可 可 可 可 (총 5획)
	可	可	可	可	可
	옳을 가			
옳을 가				
	옳을 가			

🌸 다음 훈음에 맞는 한자를 쓰세요.

옳을 가	옳을 가	옳을 가	옳을 가	옳을 가	옳을 가	옳을 가	옳을 가
可							

🌸 빈 칸에 可를 쓰고 可가 쓰인 낱말을 읽어 보세요.

☐ 能(가능) : 될 수 있음, 할 수 있음　　　　　(能 : 능할 능)

☐ 決(가결) : 제출된 안건이 좋다고 인정하여 결정함　　(決 : 결단할 결)

🌸 다음 한자의 훈과 음을 알아 보세요.

改

훈 고칠　음 개

'**고치다, 바꾸다**' 등을 뜻합니다.

🌸 순서에 맞게 改를 쓰고 훈과 음을 쓰세요.

改 고칠 개	攵(攴)부수				改改改改改改改 (총 7획)
	改	改	改	改	改
	고칠 개				
	고칠 개				

🌸 다음 훈음에 맞는 한자를 쓰세요.

고칠 개	고칠 개	고칠 개	고칠 개	고칠 개	고칠 개	고칠 개	고칠 개
改							

🌸 빈 칸에 改를 쓰고 改가 쓰인 낱말을 읽어 보세요.

☐ 正(개정) : 바르게 고침　　　　　　　　　　　(正 : 바를 정)

☐ 善(개선) : 나쁜 것을 고쳐서 더욱 좋게 함　　　(善 : 착할 선)

월   일   확인
이름

🌸 다음 한자의 훈과 음을 알아 보세요.

客
훈 손 음 객

'손님, 의탁하다' 등을 뜻합니다.

• 상대반의어 : 主(주인 주)

🌸 순서에 맞게 客을 쓰고 훈과 음을 쓰세요.

客 손 객	ㅗ부수	客客客客客客客客客 (총 9획)			
	客 손 객	客	客	客	客
	손 객				

🌸 다음 훈음에 맞는 한자를 쓰세요.

손 객	손 객	손 객	손 객	손 객	손 객	손 객	손 객
客							

🌸 빈 칸에 客을 쓰고 客이 쓰인 낱말을 읽어 보세요.

☐ 室(객실) : 손님이 거처하는 방   (室 : 집 실)

☐ 席(객석) : ① 손님의 자리 ② 극장 등의 관람석   (席 : 자리 석)

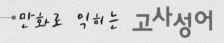

大 器 晚 成 (대기만성)

큰 대   그릇 기   늦을 만   이룰 성

'큰 그릇(大器)은 늦게(晚) 이루어진다(成)'는 뜻으로 **큰 인물은 보통 사람보다 늦게 성공한다는** 의미로 사용됩니다. 위(魏) 나라에 최염이란 풍채 좋은 장군이 있었습니다. 그러나 그의 사촌 동생인 최림은 인물도 시원치 않고 말솜씨도 신통치 못해 일가 친척들이 최림을 멸시 했습니다. 그러나 최염만은 그의 인물됨을 알아 보고 주변 사람들에게 말했습니다. "큰 종이나 큰 솥은 쉽게 만들어지는 게 아니네. 사람도 마찬가지여서 크게 성공하려면 오랜 시간이 걸리지. 내 아우도 그런 대기만성형이네." 최림은 훗날 삼공(三公)의 높은 지위에 까지 올랐다고 합니다.

🌸 다음 한자의 훈과 음을 알아 보세요.

去

훈 갈 음 거

'가다, 떠나다' 등을 뜻합니다.

• 상대반의어 : 來(올 래)
• 유의어 : 過(지날 과)

🌸 순서에 맞게 去를 쓰고 훈과 음을 쓰세요.

去 갈 거	ㅿ부수		去 去 去 去 去 (총 5획)		
	去	去	去	去	去
	갈 거				
	갈 거				

🌸 다음 훈음에 맞는 한자를 쓰세요.

갈 거	갈 거	갈 거	갈 거	갈 거	갈 거	갈 거	갈 거
去							

🌸 빈 칸에 去를 쓰고 去가 쓰인 낱말을 읽어 보세요.

過☐(과거) : ① 지나간 때 ② 지나간 일

(過 : 지날 과)

公正☐來(공정거래) : 독점 거래나 암거래가 아닌 공정한 거래

(公 : 공평할 공)
(正 : 바를 정)
(來 : 올 래)

	월 일	확인
이름		

🌱 다음 한자의 훈과 음을 알아 보세요.

擧

훈 들 음 거

 '들다, 움직이다' 등을 뜻합니다.

🌱 순서에 맞게 擧를 쓰고 훈과 음을 쓰세요.

手부수	擧擧擧擧擧擧擧擧擧擧擧擧擧擧 (총 18획)				
擧 들 거	擧 들거	擧	擧	擧	擧
	들거			약자 擧	拳

🌱 다음 훈음에 맞는 한자를 쓰세요.

들거	들거	들거	들거	들거	들거	들거	들거
擧							

🌱 빈 칸에 擧를 쓰고 擧가 쓰인 낱말을 읽어 보세요.

☐ 國(거국) : ① 온 나라의 모두 ② 국민 전체   (國 : 나라 국)

☐ 動(거동) : ① 몸을 움직이는 태도 ② 하는 짓   (動 : 움직일 동)

🌱 다음 한자의 훈과 음을 알아 보세요.

件

훈 물건 음 건

손대지 마세요

'물건, 사건' 등을 뜻합니다.

• 유의어 : 物(물건 물), 品(물건 품)

🌱 순서에 맞게 件을 쓰고 훈과 음을 쓰세요.

件 물건 건	亻(人)부수			件 件 件 件 件 件 (총 6획)	
	件	件	件	件	件
	물건 건				
	물건 건				

🌱 다음 훈음에 맞는 한자를 쓰세요.

물건 건	물건 건	물건 건	물건 건	물건 건	물건 건	물건 건	물건 건
件							

🌱 빈 칸에 件을 쓰고 件이 쓰인 낱말을 읽어 보세요.

事事 [ ] 件 (사사건건) : 모든 일, 온갖 사건   (事 : 일 사)

物 [ ] (물건) : ① 여러 가지 모양을 갖춘 모든 물질적 대상   (物 : 물건 물)
             ② 상품

🌸 다음 한자의 훈과 음을 알아 보세요.

建

훈 세울 음 건

'세우다, 일으키다' 등을 뜻합니다.

🌸 순서에 맞게 建을 쓰고 훈과 음을 쓰세요.

建	廴부수			建建建建建建建建建 (총 9획)	
	建	建	建	建	建
세울 건	세울 건				
	세울 건				

🌸 다음 훈음에 맞는 한자를 쓰세요.

세울 건	세울 건	세울 건	세울 건	세울 건	세울 건	세울 건	세울 건
建							

🌸 빈 칸에 建을 쓰고 建이 쓰인 낱말을 읽어 보세요.

☐ 國(건국) : 새로 나라를 세움

(國 : 나라 국)

☐ 物(건물) : '사람이 들어 살거나, 일을 하거나, 물건을 넣어
두기 위하여 지은 집'을 통틀어 이르는 말

(物 : 물건 물)

🌱 다음 한자의 훈과 음을 알아 보세요.

健

훈 굳셀 음 건

'굳세다, 튼튼하다' 등을 뜻합니다.

🌱 순서에 맞게 健을 쓰고 훈과 음을 쓰세요.

健 굳셀 건	イ (人)부수			健健健健健健健健健健 (총 11획)		
	健	健	健	健	健
	굳셀 긴				
	굳셀 건				

🌱 다음 훈음에 맞는 한자를 쓰세요.

굳셀 건	굳셀 건	굳셀 건	굳셀 건	굳셀 건	굳셀 건	굳셀 건	굳셀 건
健							

🌱 빈 칸에 健을 쓰고 健이 쓰인 낱말을 읽어 보세요.

☐ 實(건실) : 건전하고 착실함   (實 : 열매 실)

☐ 全(건전) : 튼튼하고 착실하며 완전함   (全 : 온전 전)

☆ 다음 빈 칸에 알맞은 음(音)이나 한자(漢字)를 **보기**에서 찾아 쓰세요.

옛날 어느 고을에 황씨라는 ⁽¹⁾孝子(☐☐)가 ⁽²⁾살고(☐)있었습니다.

황씨는 장원급제하여 힘들게 얻은 벼슬길도 마다하고 늙으신 ⁽³⁾어머니(☐)를

위해 시골로 내려올 만큼 ⁽⁴⁾이름(☐) 난 효자였습니다.

그러던 어느 날 황씨의 어머니는 ⁽⁵⁾年老(☐☐)하고 기력이 쇠약해져 병

석에 눕고 말았습니다. 효자 황씨는 어머니의 건강을 위해 의원을 불러 병을

⁽⁶⁾고치게(☐)하고 몸에 좋다는 ⁽⁷⁾값(☐) 비싼 약은 모두 구해 간호했지만 별

효험이 없었습니다.   〈계속〉

보기 ① 연로 ② 효자 ③ 住 ④ 名 ⑤ 母 ⑥ 改 ⑦ 價

1 다음 漢字語의 讀音을 쓰세요.

(1) 定價   (   )   (2) 客席   (   )

(3) 擧手   (   )   (4) 改正   (   )

(5) 物件   (   )   (6) 去來   (   )

(7) 加重   (   )   (8) 擧動   (   )

(9) 改名   (   )   (10) 可動   (   )

(11) 建國   (   )   (12) 不可   (   )

(13) 用件   (   )   (14) 健全   (   )

(15) 建物   (   )   (16) 客室   (   )

(17) 改定   (   )   (18) 物價   (   )

(19) 加工   (   )   (20) 健在   (   )

2 다음 漢字의 訓과 音을 쓰세요.

(1) 去   (   )   (2) 加   (   )

(3) 健   (   )   (4) 改   (   )

(5) 建   (   )   (6) 可   (   )

월	일	이름	확인

3 다음 밑줄 친 낱말을 漢字로 쓰세요.

(1) <u>객석</u>이 꽉 차 있습니다.

(2) 이 옷은 <u>정가</u>에 팝니다.

(3) 남을 헐뜯는 것은 <u>불가</u>한 일이다.

(4) <u>건전</u>한 정신은 건전한 신체에 깃든다.

(5) 이 법을 <u>개정</u> 해 주세요.

(6) 지난 밤에 무슨 <u>사건</u>이 일어났습니까?

(7) 이 소시지는 멸균 <u>가공</u>된 제품입니다.

(8) 고려를 <u>건국</u>한 사람은 왕건이다.

(9) 옆집 할머니께서는 <u>거동</u>이 불편하십니다.

(10) 벽란도는 인삼과 비단 <u>거래</u>가 활발하게 이루어지던 항구입니다.

4 다음 訓과 音에 맞는 漢字를 쓰세요.

(1) 들 거 ( )   (2) 손 객 ( )

(3) 값 가 ( )   (4) 물건 건 ( )

5 다음 漢字와 뜻이 상대 또는 반대되는 漢字를 쓰세요.

例	男 ↔ 女

(1) 主 ↔ ( )   (2) 去 ↔ ( )

6 다음 ( )에 들어갈 漢字를 〈보기〉에서 골라 그 番號를 쓰세요.

| 보기 | ① 重 ② 去 ③ 加 ④ 件 |

(1) 公正( )來　　　　　(2) 事事( )件

7 다음 漢字와 뜻이 같거나 비슷한 漢字를 골라 그 番號를 쓰세요.

(1) 件 – (① 國 ② 家 ③ 物 ④ 旗)

8 다음 漢字와 음이 같은 漢字를 골라 그 番號를 쓰세요.

(1) 價 – (① 加 ② 子 ③ 席 ④ 計)

(2) 擧 – (① 植 ② 左 ③ 車 ④ 新)

(3) 建 – (① 件 ② 去 ③ 秋 ④ 界)

9 다음 漢字語의 뜻을 쓰세요.

| 例 | 讀音 : ① 글 읽는 소리　② 한자의 음 |

(1) 改正 – ( )　(2) 建國 – ( )

(3) 健全 – ( )　(4) 定價 – ( )

10 다음 漢字의 略字(획수를 줄인 漢字)를 쓰세요.

> | 例 | 禮 → 礼 |

(1) 價 – (　　　　　) 　　　　(2) 擧 – (　　　　　)

11 다음 물음에 답하세요.

(1)  ㉠획의 쓰는 순서를 아래에서 골라 번호를 쓰세요.

① 네 번째 　　　　　② 다섯 번째

③ 여섯 번째 　　　　④ 일곱 번째

(2)  ㉠획의 쓰는 순서를 아래에서 골라 번호를 쓰세요.

① 세 번째 　　　　　② 네 번째

③ 다섯 번째 　　　　④ 여섯 번째

(3) 可 쓰는 순서가 맞는 것을 아래에서 골라 번호를 쓰세요.

① ㉣ – ㉠ – ㉡ – ㉢ – ㉤

② ㉠ – ㉡ – ㉢ – ㉣ – ㉤

③ ㉣ – ㉤ – ㉠ – ㉡ – ㉢

④ ㉣ – ㉤ – ㉡ – ㉠ – ㉢

☆ 어떤 한자일까요? 맞춰 보세요.

하늘보다도 높이 있는 사람은 누구일까요?

나무가 사방이 가로막혀 있는 한자는 무엇일까요?

해 답

▶ 夫 지아비 부(天하늘보다 夫높이 있는 사람)

▶ 困 곤할 곤(木나무가 口가로막혀 있음)

· 夫 : 지아비 부(大-총 4획)   · 困 : 곤할 곤(口-총 7획)

5급 ①과정 한자능력검정시험

 格 격식 격

見 볼 견
뵈올 현

 決 결단할 결

 結 맺을 결

 景 볕 경

 敬 공경 경

 輕 가벼울 경

 競 다툴 경

 固 굳을 고

 告 고할 고

🌸 다음 한자의 훈과 음을 알아 보세요.

格

훈 격식 음 격

'격식, 바로잡다' 등을 뜻합니다.

🌸 순서에 맞게 格을 쓰고 훈과 음을 쓰세요.

格 격식 격	木부수	格格格格格格格格格格(총 10획)				
	格	格	格	格	格	
	격식 격					
	격식 격					

🌸 다음 훈음에 맞는 한자를 쓰세요.

격식 격	격식 격	격식 격	격식 격	격식 격	격식 격	격식 격	격식 격
格							

🌸 빈 칸에 格을 쓰고 格이 쓰인 낱말을 읽어 보세요.

| |式(격식) : 격에 어울리는 일정한 법식   (式 : 법 식)

| |言(격언) : 속담과 같이 사리에 꼭 들어맞아 교훈이 될 만한   (言 : 말씀 언)
       짧은 말

월   일
이름   확인

🌱 다음 한자의 훈과 음을 알아 보세요.

見

훈 볼/뵈올 음 견/현

'**보다, 뵙다, 나타나다**' 등을 뜻합니다.
• 유의어 : 觀(볼 관), 示(보일 시)

🌱 순서에 맞게 見을 쓰고 훈과 음을 쓰세요.

見	見부수	見見見見見見見 (총 7획)
見	見 見 見 見 見	
	볼 견/뵈올 현	
볼 견 / 뵈올 현		
	볼 견/뵈올 현	

🌱 다음 훈음에 맞는 한자를 쓰세요.

볼 견/뵈올 현	볼 견/뵈올 현	볼 견/뵈올 현	볼 견/뵈올 현	볼 견/뵈올 현	볼 견/뵈올 현	볼 견/뵈올 현	볼 견/뵈올 현
見							

🌱 빈 칸에 見을 쓰고 見이 쓰인 낱말을 읽어 보세요.

先□之明(선견지명) : 닥쳐올 일을 미리 짐작하는 밝은 지혜

(先 : 먼저 선)
(之 : 어조사 지)
(明 : 밝을 명)

□物生心(견물생심) : 물건을 보면 가지고 싶은 욕심이 생김

(物 : 물건 물)
(生 : 날 생)
(心 : 마음 심)

월   일   확인
이름

🌸 다음 한자의 훈과 음을 알아 보세요.

決

훈 결단할 음 결

'결단하다, 터놓다, 터지다' 등을 뜻합니다.

🌸 순서에 맞게 決을 쓰고 훈과 음을 쓰세요.

氵(水)부수				決決決決決決決 (총 7획)
決	決	決	決	決
결단할 결				
결단할 결				

決
결단할 결

🌸 다음 훈음에 맞는 한자를 쓰세요.

결단할 결	결단할 결	결단할 결	결단할 결	결단할 결	결단할 결	결단할 결	결단할 결
決							

🌸 빈 칸에 決을 쓰고 決이 쓰인 낱말을 읽어 보세요.

☐ 定(결정) : 결단하여 작정함   (定 : 정할 정)

☐ 算(결산) : 일정한 기간에 들어오거나 나간 돈의 액수를 전부 계산함   (算 : 셈할 산)

월   일   확인

이름

🌸 다음 한자의 훈과 음을 알아 보세요.

結

훈 맺을 음 결

'**맺다, 열매를 맺다**' 등을 뜻합니다.

🌸 순서에 맞게 結을 쓰고 훈과 음을 쓰세요.

結 맺을 결	糸부수	結 結 結 結 結 結 結 結 結 結 結 結 (총 12획)				
	結	結	結	結	結	結
	맺을 결					
	맺을 결					

🌸 다음 훈음에 맞는 한자를 쓰세요.

맺을 결	맺을 결	맺을 결	맺을 결	맺을 결	맺을 결	맺을 결	맺을 결
結							

🌸 빈 칸에 結을 쓰고 結이 쓰인 낱말을 읽어 보세요.

☐ 末(결말) : 일을 맺는 끝, 끝장   (末 : 끝 말)

☐ 果(결과) : ① 어떤 원인으로 생긴 결말의 상태   (果 : 실과 과)
              ② 열매를 맺음

✿ 다음 한자의 훈과 음을 알아 보세요.

景
훈볕 음경

'**볕, 해, 밝다**' 등을 뜻합니다.

✿ 순서에 맞게 景을 쓰고 훈과 음을 쓰세요.

景 볕 경	日부수	景景景景景景景景景景景景(총 12획)			
	景	景	景	景	景
	볕 경				
	볕 경				

✿ 다음 훈음에 맞는 한자를 쓰세요.

볕 경	볕 경	볕 경	볕 경	볕 경	볕 경	볕 경	볕 경
景							

✿ 빈 칸에 景을 쓰고 景이 쓰인 낱말을 읽어 보세요.

☐ 觀(경관) : 산·물·자연의 아름다운 모습   (觀 : 볼 관)

☐ 致(경치) : ① 자연의 보기 좋은 구경거리
             ② 아름다운 산·하천·들 따위   (致 : 이를 치)

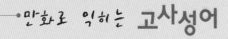
天 高 馬 肥 (천고마비)

하늘 천   높을 고   말 마   살찔 비

天高馬肥는 '하늘은(天) 높고(高), 말은(馬) 살찐다(肥).'는 뜻으로 하늘이 맑고 먹을 것이 풍부한 **가을철**을 이르는 말입니다. 원래는 중국 변방의 백성들은 흉노의 침입에 항상 시달리며 살았는데, 하늘이 높고 말이 살찌는(天高馬肥) 가을만 되면 언제 흉노가 쳐들어올지 몰라 전전긍긍한데서 유래되었다고 합니다.

	월 일	확인
이름		

🌸 다음 한자의 훈과 음을 알아 보세요.

敬
훈 공경 음 경

'공경하다, 정중하다' 등을 뜻합니다.

🌸 순서에 맞게 敬을 쓰고 훈과 음을 쓰세요.

敬 공경 경	攵(攴)부수	敬敬敬敬敬敬敬敬敬敬敬敬敬 (총 13획)			
	敬	敬	敬	敬	敬
	공경 경				
	공경 경				

🌸 다음 훈음에 맞는 한자를 쓰세요.

공경 경	공경 경	공경 경	공경 경	공경 경	공경 경	공경 경	공경 경
敬							

🌸 빈 칸에 敬을 쓰고 敬이 쓰인 낱말을 읽어 보세요.

☐ 禮(경례) : 공경하는 뜻을 나타내기 위해 인사하는 일   (禮 : 예도 례)

☐ 老孝親(경로효친) : 노인을 공경하고 어버이께 효도하는 것   (老 : 늙을 로)
(孝 : 효도 효)
(親 : 친할 친)

🌸 다음 한자의 훈과 음을 알아 보세요.

훈 가벼울 음 경

'가볍다, 경솔하다, 재빠르다'
등을 뜻합니다.
• 상대반의어 : 重(무거울 중)

🌸 순서에 맞게 輕을 쓰고 훈과 음을 쓰세요.

輕 가벼울 경	車부수	輕 輕 輕 輕 輕 輕 輕 輕 輕 輕 輕 輕 輕 輕 (총 14획)				
	輕	輕	輕	輕	輕	
	가벼울 경					
					약자	輕
	가벼울 경					

🌸 다음 훈음에 맞는 한자를 쓰세요.

가벼울 경	가벼울 경	가벼울 경	가벼울 경	가벼울 경	가벼울 경	가벼울 경	가벼울 경
輕							

🌸 빈 칸에 輕을 쓰고 輕이 쓰인 낱말을 읽어 보세요.

☐ 量(경량) : 가벼운 무게   (量 : 헤아릴 량)

☐ 重(경중) : ①가벼움과 무거움
            ②중요한 것과 중요하지 않은 것   (重 : 무거울 중)

🌱 다음 한자의 훈과 음을 알아 보세요.

競
훈다툴 음경

'**다투다, 겨루다**' 등을 뜻합니다.
• 유의어 : 爭(다툴 쟁), 戰(싸움 전)

🌱 순서에 맞게 競을 쓰고 훈과 음을 쓰세요.

競 다툴 경	立부수	競 競 競 競 競 競 競 競 競 競 競 競 競 (총 20획)				
	競	競	競	競	競
	다툴 경				
	다툴 경				

🌱 다음 훈음에 맞는 한자를 쓰세요.

다툴 경	다툴 경	다툴 경	다툴 경	다툴 경	다툴 경	다툴 경	다툴 경
競							

🌱 빈 칸에 競을 쓰고 競이 쓰인 낱말을 읽어 보세요.

☐ 爭(경쟁) : 같은 목적에 관하여 서로 겨루어 다툼   (爭 : 다툴 쟁)

☐ 技(경기) : 무술이나 운동으로 기술이 낫고 못함을 겨루어 우열이나 승부를 겨루는 일   (技 : 재주 기)

월   일

이름   확인

다음 한자의 훈과 음을 알아 보세요.

固

훈 굳을 음 고

'굳다, 오로지' 등을 뜻합니다.

순서에 맞게 固를 쓰고 훈과 음을 쓰세요.

굳을 고

口부수		固 固 固 固 固 固 固 固 (총 8획)		
固	固	固	固	固
굳을 고				
굳을 고				

다음 훈음에 맞는 한자를 쓰세요.

굳을 고	굳을 고	굳을 고	굳을 고	굳을 고	굳을 고	굳을 고	굳을 고
固							

빈 칸에 固를 쓰고 固가 쓰인 낱말을 읽어 보세요.

☐ 定(고정) : 정해진 대로 붙박혀 있고 바뀌지 않음   (定 : 정할 정)

☐ 有(고유) : ① 본디부터 있음 ② 어느 물건에만 특별히 있음   (有 : 있을 유)

🌸 다음 한자의 훈과 음을 알아 보세요.

告

훈 고할 음 고

'고하다, 알리다' 등을 뜻합니다.

🌸 순서에 맞게 告를 쓰고 훈과 음을 쓰세요.

	□부수		告告告告告告告 (총 7획)
告 고할 고	告	告	告 告 告
	고할 고		
	고할 고		

🌸 다음 훈음에 맞는 한자를 쓰세요.

고할 고	고할 고	고할 고	고할 고	고할 고	고할 고	고할 고	고할 고
告							

🌸 빈 칸에 告를 쓰고 告가 쓰인 낱말을 읽어 보세요.

□ 發 (고발) : 피해자가 아닌 사람이 범죄 사실을
경찰이나 검찰에 알림

(發 : 필 발)

廣 □ (광고) : ① 세상에 널리 알림
② 상품 등의 선전을 위한 글이나 그림

(廣 : 넓을 광)

이야기로 익히는 **한자 2**

☆ 다음 빈 칸에 알맞은 음(音)이나 한자(漢字)를 **보기**에서 찾아 쓰세요.

얼마 ⁽¹⁾후( ) 서울에서 내려온 한 ⁽²⁾손님( )이 황씨에게 말했습니다.

"어머니의 ⁽³⁾氣力( )이 너무 쇠약해졌습니다. 이럴 때 쓰는 방법이 하나 있긴 한데, 아주 위험한 방법이라서……."

"무엇입니까? 제발 제게 그 ⁽⁴⁾方法( )을 알려 주시오, 어머님께서 나을 수만 있다면 무슨 일이든지 할 수 있습니다." 하고 황씨는 간곡히 부탁을 했습니다.

"그것은 바로 곰의 쓸개 ⁽⁵⁾백( ) 개를 달여 드려야 합니다. 명포수도 곰의 쓸개를 한 두 개 구하기도 힘든데 백 개를 구할 수 있겠소? 꼭 해보겠다면 이 책을 보시오."하고 뒤돌아보지도 않고 갔습니다.(⁽⁶⁾)

효자는 그 책을 펼쳐 ⁽⁷⁾보았습니다( ). 〈계속〉

보기 ① 방법 ② 기력 ③ 去 ④ 客 ⑤ 百 ⑥ 後 ⑦ 見

1 다음 漢字語의 讀音을 쓰세요.

(1) 格式   (   )   (2) 可決   (   )

(3) 告白   (   )   (4) 輕重   (   )

(5) 決心   (   )   (6) 結果   (   )

(7) 意見   (   )   (8) 固有   (   )

(9) 告發   (   )   (10) 格言   (   )

(11) 發見   (   )   (12) 競合   (   )

(13) 輕擧   (   )   (14) 夜景   (   )

(15) 決死   (   )   (16) 敬老   (   )

(17) 固定   (   )   (18) 敬禮   (   )

(19) 告別   (   )   (20) 固體   (   )

2 다음 漢字의 訓과 音을 쓰세요.

(1) 競   (   )   (2) 格   (   )

(3) 結   (   )   (4) 景   (   )

(5) 決   (   )   (6) 輕   (   )

3 다음 밑줄 친 낱말을 漢字로 쓰세요.

(1) 그 검사는 공무원의 비리를 <u>고발</u>했다.

(2) 여행은 <u>견문</u>을 넓히는 데 도움이 됩니다.

(3) 차렷, <u>경례</u>!

(4) 속담과 같이 교훈이 될 만한 짧은 말을 <u>격언</u>이라고 합니다.

(5) 이것으로 <u>결정</u>했습니다.

(6) 한강의 <u>야경</u>이 매우 아름답습니다.

(7) 두 후보가 선거에서 <u>경합</u>을 벌였습니다.

(8) 그 일의 <u>경중</u>을 따져봐야 합니다.

(9) 한복은 우리나라 <u>고유</u>의 의상이다.

(10) 최선을 다하고 <u>결과</u>는 하늘에 맡기겠습니다.

4 다음 訓과 音에 맞는 漢字를 쓰세요.

(1) 공경 경   (   )   (2) 고할 고 (   )

(3) 볼 견/뵈올 현 (   )   (4) 굳을 고 (   )

5 다음 漢字와 뜻이 상대 또는 반대되는 漢字를 쓰세요.

例	男 ↔ 女

(1) 重 ↔ (   )

6 다음 (   )에 들어갈 漢字를 〈보기〉에서 골라 그 番號를 쓰세요.

보기 ① 景 ② 見 ③ 輕 ④ 敬 ⑤ 競 ⑥ 價

(1) (   )物生心   (2) (   )老孝親

(3) 先(   )之明

7 다음 漢字와 뜻이 같거나 비슷한 漢字를 골라 그 番號를 쓰세요.

(1) 競 – (① 聞 ② 物 ③ 戰 ④ 問)

8 다음 漢字와 음이 같은 漢字를 골라 그 番號를 쓰세요.

(1) 結 – (① 族 ② 綠 ③ 社 ④ 決)

(2) 景 – (① 敬 ② 區 ③ 氣 ④ 級)

(3) 告 – (① 海 ② 古 ③ 食 ④ 行)

9 다음 漢字語의 뜻을 쓰세요.

例 讀音 : ① 글 읽는 소리 ② 한자의 음

(1) 輕重 – (   ) (2) 見聞 – (   )

(3) 夜景 – (   ) (4) 敬老 – (   )

10 다음 漢字의 略字(획수를 줄인 漢字)를 쓰세요.

例   禮 → 礼

(1) 輕 – (   )

11 다음 물음에 답하세요.

(1)  ㉠획의 쓰는 순서를 아래에서 골라 번호를 쓰세요.

① 세 번째   ② 네 번째

③ 다섯 번째   ④ 여섯 번째

(2)  ㉠획의 쓰는 순서를 아래에서 골라 번호를 쓰세요.

① 네 번째   ② 다섯 번째

③ 여섯 번째   ④ 일곱 번째

(3) 쓰는 순서가 맞는 것을 아래에서 골라 번호를 쓰세요.

① ㉠ – ㉡ – ㉢ – ㉣ – ㉤ – ㉥ – ㉦

② ㉠ – ㉢ – ㉡ – ㉣ – ㉥ – ㉤ – ㉦

③ ㉠ – ㉡ – ㉢ – ㉣ – ㉥ – ㉤ – ㉦

④ ㉠ – ㉢ – ㉣ – ㉡ – ㉥ – ㉤ – ㉦

한자 수수께끼

☆ 어떤 한자일까요? 맞춰 보세요.

사람이 나무 옆에서 쉬는 한자는 무엇일까요?

사람이 산에서 살고 있는 한자는 무엇일까요?

해답

▸ 休 쉴 휴(亻사람＋木나무)

▸ 仙 신선 선(亻사람＋山산)

• 休 : 쉴 휴(亻/人-총 6획) • 仙 : 신선 선(亻/人-총 5획)

 考 생각할 고

 曲 굽을 곡

 課 공부할/과정 과

 過 지날 과

 觀 볼 관

關 관계할 관

 廣 넓을 광

 橋 다리 교

 具 갖출 구

 救 구원할 구

월	일	확인
이름		

🌸 다음 한자의 훈과 음을 알아 보세요.

훈 생각할 음고

'생각하다, 상고하다' 등을 뜻합니다.
• 유의어 : 思(생각 사)

🌸 순서에 맞게 考를 쓰고 훈과 음을 쓰세요.

⺹(老)부수				考 考 考 考 考 考 (총 6획)
考 생각할 고	생각할 고			
	생각할 고			

🌸 다음 훈음에 맞는 한자를 쓰세요.

생각할 고	생각할 고	생각할 고	생각할 고	생각할 고	생각할 고	생각할 고	생각할 고
考							

🌸 빈 칸에 考를 쓰고 考가 쓰인 낱말을 읽어 보세요.

再 ☐ (재고) : 다시 생각해 봄   (再 : 두 재)

思 ☐ (사고) : 생각하고 궁리함   (思 : 생각 사)

🌼 다음 한자의 훈과 음을 알아 보세요.

曲

훈굽을 음곡

'굽다, 마음이 올바르지 않다, 곡조' 등을 뜻합니다.
• 상대반의어 : 直(곧을 직)

🌼 순서에 맞게 曲을 쓰고 훈과 음을 쓰세요.

曲	日부수			曲 曲 曲 曲 曲 曲 (총 6획)	
	曲	曲	曲	曲	曲
	굽을 곡				
굽을 곡					
	굽을 곡				

🌼 다음 훈음에 맞는 한자를 쓰세요.

굽을 곡	굽을 곡	굽을 곡	굽을 곡	굽을 곡	굽을 곡	굽을 곡	굽을 곡
曲							

🌼 빈 칸에 曲을 쓰고 曲이 쓰인 낱말을 읽어 보세요.

不問 [ ] 直(불문곡직) : 잘잘못을 묻지 않음

(不 : 아닐 불/부)
(問 : 물을 문)
(直 : 곧을 직)

歌 [ ] (가곡) : ① 노래 ② 우리 나라 재래 음악의 한 가지
③ 작곡가에 의해 창작된 독창용의 짧은 곡

(歌 : 노래 가)

🌸 다음 한자의 훈과 음을 알아 보세요.

課

훈 공부할/과정 음과

'공부하다, 과정, 세금을 부과하다'
등을 뜻합니다.

🌸 순서에 맞게 課를 쓰고 훈과 음을 쓰세요.

課 공부할/과정 과	言부수	課課課課課課課課課課課課課課課(총 15획)
		課　課　課　課　課
	공부할/과정 과	
	공부할/과정 과	

🌸 다음 훈음에 맞는 한자를 쓰세요.

공부할/과정 과	공부할/과정 과	공부할/과정 과	공부할/과정 과	공부할/과정 과	공부할/과정 과	공부할/과정 과	공부할/과정 과
課							

🌸 빈 칸에 課를 쓰고 課가 쓰인 낱말을 읽어 보세요.

日 ☐ (일과) : 날마다 하는 일   (日 : 날 일)

☐ 外 (과외) : 정해진 시간 외의 수업   (外 : 바깥 외)

	월 일	확인
이름		

🌸 다음 한자의 훈과 음을 알아 보세요.

훈 지날 음 과

'지나다, 빠르다, 허물' 등을
뜻합니다.
• 상대반의어 : 功(공 공)
• 유의어 : 去(갈 거), 失(잃을 실)

🌸 순서에 맞게 過를 쓰고 훈과 음을 쓰세요.

辶(辵)부수	過過過過過過過過過過過過過 (총 13획)				
過 지날 과	過	過	過	過	過
	지날 과				
	過				
	지날 과				

🌸 다음 훈음에 맞는 한자를 쓰세요.

지날 과	지날 과	지날 과	지날 과	지날 과	지날 과	지날 과	지날 과
過							

🌸 빈 칸에 過를 쓰고 過가 쓰인 낱말을 읽어 보세요.

☐ 去(과거) : ① 지나간 때. 지난 날 ② 지난 일　　　　(去 : 갈 거)

☐ 速(과속) : 일정한 표준에서 벗어나 더 빠른 속도　　(速 : 빠를 속)

🌸 다음 한자의 훈과 음을 알아 보세요.

觀

훈볼 음관

'보다, 드러내다' 등을 뜻합니다.

• 유의어 : 見(볼 견), 示(보일 시)

🌸 순서에 맞게 觀을 쓰고 훈과 음을 쓰세요.

觀 볼 관	見부수	觀 觀 觀 觀 觀 觀 觀 觀 (총 25획)				
	觀	觀	觀	觀	觀	
	볼관					
			약자	观	覌	観
	볼관					

🌸 다음 훈음에 맞는 한자를 쓰세요.

볼 관	볼 관	볼 관	볼 관	볼 관	볼 관	볼 관	볼 관
觀							

🌸 빈 칸에 觀을 쓰고 觀이 쓰인 낱말을 읽어 보세요.

☐ 望(관망) : 형세 따위를 넌지시 바라봄 　　　　　　(望 : 바랄 망)

☐ 念(관념) : ① 생각이나 견해
　　　　　② 자극이 사라진 뒤에도 의식 속에 남는 이미지 　(念 : 생각 념)

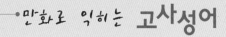
難 兄 難 弟 (난형난제)

어려울 난   형 형   어려울 난   아우 제

'형(兄)이 되기도 어렵고(難) 동생(弟)이 되기도 어렵다(難)'는 말로, 어떤 인물이나 사물이 서로 비슷하여 그 우열을 가늠하기 어려움을 비유합니다. 진식(陳寔)은 그의 아들 진기(陳紀), 진심(陳諶)과 더불어 삼군자로 불리웠습니다. 진기, 진심의 아들인 진군, 진충 역시 수재였는데 이들이 서로 자신의 아버지가 낫다고 주장하다 할아버지인 진식에게 묻고 답한데서 유래된 고사입니다.

🌷 다음 한자의 훈과 음을 알아 보세요.

關

훈 관계할 음 관

'**관계하다, 빗장**' 등을 뜻합니다.

🌷 순서에 맞게 關을 쓰고 훈과 음을 쓰세요.

關	門부수	關 關 關 關 關 關 關 關 關 (총 19획)
關	關	關 關 關 關 關
관계할 관	관계할 관	
		약자 関
	관계할 관	

🌷 다음 훈음에 맞는 한자를 쓰세요.

관계할 관	관계할 관	관계할 관	관계할 관	관계할 관	관계할 관	관계할 관	관계할 관
關							

🌷 빈 칸에 關을 쓰고 關이 쓰인 낱말을 읽어 보세요.

☐ 心(관심) : 마음이 끌려서 흥미를 가짐   (心 : 마음 심)

☐ 門(관문) : ① 어떤 곳을 드나드는 중요한 곳 ② 경계에 세운 문
③ 국경이나 요새의 성문   (門 : 문 문)

월   일   확인

이름

🌱 다음 한자의 훈과 음을 알아 보세요.

廣

훈 넓을 음 광

'넓다, 넓이' 등을 뜻합니다.

🌱 순서에 맞게 廣을 쓰고 훈과 음을 쓰세요.

廣 넓을 광	广 부수	廣廣廣廣廣廣廣廣廣廣廣廣廣廣廣 (총 15획)
	넓을 광	
		약자 広
	넓을 광	

🌱 다음 훈음에 맞는 한자를 쓰세요.

넓을 광	넓을 광	넓을 광	넓을 광	넓을 광	넓을 광	넓을 광	넓을 광
廣							

🌱 빈 칸에 廣을 쓰고 廣이 쓰인 낱말을 읽어 보세요.

☐ 大 (광대) : 넓고 큼   (大 : 큰 대)

☐ 場 (광장) : 여러 길이 모이는 곳에 만든 너른 마당   (場 : 마당 장)

월   일   확인

이름

🌸 다음 한자의 훈과 음을 알아 보세요.

橋

훈 다리 음 교

'**다리, 교량**' 등을 뜻합니다.

🌸 순서에 맞게 橋를 쓰고 훈과 음을 쓰세요.

橋 다리 교	木부수	橋橋橋橋橋橋橋橋橋橋橋橋橋 (총 16획)				
	 橋	橋	橋	橋	橋	
	다리 교					
	다리 교					

🌸 다음 훈음에 맞는 한자를 쓰세요.

다리 교	다리 교	다리 교	다리 교	다리 교	다리 교	다리 교	다리 교
橋							

🌸 빈 칸에 橋를 쓰고 橋가 쓰인 낱말을 읽어 보세요.

大☐ (대교) : 큰 다리. 한강대교, 반포대교 등   (大 : 큰 대)

陸☐ (육교) : 교통이 복잡한 도로나 철로 위에 가로질러 놓은
다리   (陸 : 뭍 륙)

월   일   확인

이름

🌼 다음 한자의 훈과 음을 알아 보세요.

훈 갖출 음 구

'**갖추다, 함께, 자세히**' 등을 뜻합니다.

🌼 순서에 맞게 具를 쓰고 훈과 음을 쓰세요.

八부수				具具具具具具具具 (총 8획)
具 갖출 구	具	具	具	具	具
	갖출 구			
	갖출 구			

🌼 다음 훈음에 맞는 한자를 쓰세요.

갖출 구	갖출 구	갖출 구	갖출 구	갖출 구	갖출 구	갖출 구	갖출 구
具							

🌼 빈 칸에 具를 쓰고 具가 쓰인 낱말을 읽어 보세요.

☐ 現(구현) : ① 구체적으로 나타냄 ② 실제로 나타냄
(現 : 나타날 현)

道☐(도구) : 살림살이에 쓰이는 그릇이나 일에 쓰이는 여러 가지 연장
(道 : 길 도)

월   일
이름   확인

🌱 다음 한자의 훈과 음을 알아 보세요.

救

'구원하다, 건지다, 치료하다'
등을 뜻합니다.

훈 구원할 음 구

🌱 순서에 맞게 救를 쓰고 훈과 음을 쓰세요.

救 구원할 구	攵(攴)부수	救 救 救 救 救 救 救 救 救 救 救 (총 11획)				
		救	救	救	救	救
	구원한 구					
	구원할 구					

🌱 다음 훈음에 맞는 한자를 쓰세요.

구원할 구	구원할 구	구원할 구	구원할 구	구원할 구	구원할 구	구원할 구	구원할 구
救							

🌱 빈 칸에 救를 쓰고 救가 쓰인 낱말을 읽어 보세요.

☐ 國(구국) : 위태하게 된 나라를 구해 냄   (國 : 나라 국)

☐ 急車(구급차) : 위급한 환자나 부상자를 실어 나르는 차   (急 : 급할 급)
(車 : 수레 차/거)

이야기로 익히는 **한자 3**

☆ 다음 빈 칸에 알맞은 음(音)이나 한자(漢字)를 **보기**에서 찾아 쓰세요.

책의 내용은 사람이 귀신으로 둔갑하여 곰의 쓸개를 얻어 내는 100가지 ⁽¹⁾방법(　　)이 쓰여 있었습니다. 효자는 곰을 죽여야 하는 것이 마음에 걸리기는 하였지만, 어머니를 ⁽²⁾병(　)에서 ⁽³⁾救出(　　)할 수만 있다면 무슨 ⁽⁴⁾일 (　)이든 하리라 ⁽⁵⁾생각(　) 했습니다.

그 날 밤부터 ⁽⁶⁾효자(　　)는 귀신으로 변해 곰의 쓸개를 얻기 위해 산 속으로 다녔습니다. 아무리 귀신으로 변한다고 해도 힘센 곰의 쓸개를 날마다 얻는 일은 매우 힘이 들었습니다. 효자는 점점 몸이 여위어가고 ⁽⁷⁾每日(　　)밤 기진맥진해져서 겨우 돌아오곤 하였습니다. 이렇게 하기를 99일째 . 어머니의 병은 하루가 다르게 나아갔습니다.

〈계속〉

보기 ① 매일　② 구출　③ **方法**　④ **孝子**　⑤ **病**　⑥ **事**　⑦ **考**

월   일 이름   확인

1 다음 漢字語의 讀音을 쓰세요.

(1) 救國   (   )   (2) 課外 (   )

(3) 過速   (   )   (4) 廣告 (   )

(5) 景觀   (   )   (6) 曲線 (   )

(7) 關門   (   )   (8) 用具 (   )

(9) 過失   (   )   (10) 觀戰 (   )

(11) 關心   (   )   (12) 過飮 (   )

(13) 樂曲   (   )   (14) 日課 (   )

(15) 道具   (   )   (16) 過去 (   )

(17) 廣場   (   )   (18) 大橋 (   )

(19) 救命   (   )   (20) 畫具 (   )

2 다음 漢字의 訓과 音을 쓰세요.

(1) 救   (   )   (2) 觀   (   )

(3) 曲   (   )   (4) 課   (   )

(5) 廣   (   )   (6) 過   (   )

제 3회 기출 및 예상 문제

3 다음 밑줄 친 낱말을 漢字로 쓰세요.

(1) 도자기의 곡선은 아름답다.

(2) 방학 중 일과표를 작성해서 제출하세요.

(3) 이 관문을 통과해야 한다.

(4) 빗길에 과속하면 위험합니다.

(5) 성수대교를 멋지고 튼튼하게 만들어 개통했습니다.

(6) 이 곳이 만남의 광장입니다.

(7) 그는 대학에서 고고학을 전공했습니다.

(8) 그 사건은 내 인생관 자체를 바꾸어 놓는 일대 전환점이 되었습니다.

(9) 사고 지역에 구급차가 도착했습니다.

(10) 도구를 이용하면 일을 훨씬 편리하게 할 수 있습니다.

4 다음 訓과 音에 맞는 漢字를 쓰세요.

(1) 관계할 관 (   )   (2) 생각할 고 (   )

(3) 갖출 구   (   )   (4) 다리 교   (   )

5 다음 漢字와 뜻이 상대 또는 반대되는 漢字를 쓰세요.

例   男 ↔ 女

(1) 功 ↔ (   )   (2) 曲 ↔ (   )

6 다음 ( )에 들어갈 漢字를 〈보기〉에서 골라 그 番號를 쓰세요.

> 보기   ① 具 ② 曲 ③ 事 ④ 課

(1) 不問(   )直

7 다음 漢字와 뜻이 같거나 비슷한 漢字를 골라 그 番號를 쓰세요.

(1) 觀 - (① 見 ② 關 ③ 聞 ④ 問)

(2) 過 - (① 速 ② 失 ③ 功 ④ 工)

8 다음 漢字와 음이 같은 漢字를 골라 그 番號를 쓰세요.

(1) 固 - (① 口 ② 十 ③ 右 ④ 考)

(2) 課 - (① 計 ② 果 ③ 界 ④ 言)

(3) 九 - (① 曲 ② 食 ③ 具 ④ 命)

9 다음 漢字語의 뜻을 쓰세요.

> 例   讀音 : ① 글 읽는 소리 ② 한자의 음

(1) 大橋 - (   ) (2) 救命 - (   )

(3) 廣大 - (   ) (4) 作曲 - (   )

10 다음 漢字의 略字(획수를 줄인 漢字)를 쓰세요.

例 禮 → 礼

(1) 觀 – (   )   (2) 關 – (   )

(3) 廣 – (   )

11 다음 물음에 답하세요.

(1)  ㉠획의 쓰는 순서를 아래에서 골라 번호를 쓰세요.

① 일곱 번째   ② 여덟 번째

③ 아홉 번째   ④ 열 번째

(2)  ㉠획의 쓰는 순서를 아래에서 골라 번호를 쓰세요.

① 여섯 번째   ② 일곱 번째

③ 여덟 번째   ④ 아홉 번째

(3) 쓰는 순서가 맞는 것을 아래에서 골라 번호를 쓰세요.

① ㉠ – ㉡ – ㉢ – ㉣ – ㉤ – ㉥

② ㉠ – ㉢ – ㉡ – ㉣ – ㉥ – ㉤

③ ㉠ – ㉢ – ㉡ – ㉣ – ㉤ – ㉥

④ ㉠ – ㉢ – ㉣ – ㉡ – ㉥ – ㉤

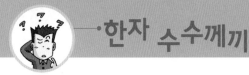
☆ 어떤 한자일까요? 맞춰 보세요.

눈으로 걷는 한자는 무엇일까요?

입으로 걷는 한자는 무엇일까요?

해 답

▶ 見 볼 견(目 눈 + 儿 걷는 사람)

▶ 兄 맏 형(口 입 + 儿 걷는 사람)

• 見 : 볼 견(見–총 7획) • 兄 : 맏 형(儿–총 5획) • 儿 : 걷는사람 인(儿–총 2획)

 舊 예 구

 貴 귀할 귀

 給 줄 급

 期 기약할 기

 己 몸 기

 局 판 국

 規 법 규

 基 터 기

 技 재주 기

 汽 물끓는김 기

🌱 다음 한자의 훈과 음을 알아 보세요.

舊

훈예 음구

'**옛날, 오래다**' 등을 뜻합니다.

• 상대반의어 : 新(새 신)
• 유의어 : 古(예 고)

🌱 순서에 맞게 舊를 쓰고 훈과 음을 쓰세요.

臼부수	舊舊舊舊舊舊舊舊舊舊舊舊舊舊舊 (총 18획)

舊	舊	舊	舊	舊	舊
예 구	예구				
				약자	旧
	예구				

🌱 다음 훈음에 맞는 한자를 쓰세요.

예구	예구	예구	예구	예구	예구	예구	예구
舊							

🌱 빈 칸에 舊를 쓰고 舊가 쓰인 낱말을 읽어 보세요.

☐ 式(구식) : 옛 것, 오래된 것   (式 : 법 식)

親 ☐ (친구) : 서로 친하게 사귀는 사람   (親 : 친할 친)

🌻 다음 한자의 훈과 음을 알아 보세요.

局

훈판 음국

'판, 어떤 일을 맡아 보는 부서, 재능' 등을 뜻합니다.

🌻 순서에 맞게 局을 쓰고 훈과 음을 쓰세요.

판 국

尸부수				局局局局局局局 (총 7획)
局 판 국	局	局	局	局
판 국				

🌻 다음 훈음에 맞는 한자를 쓰세요.

판국	판국	판국	판국	판국	판국	판국	판국
局							

🌻 빈 칸에 局을 쓰고 局이 쓰인 낱말을 읽어 보세요.

☐ 面(국면) : 어떤 일에 부딪친 장면이나 형편   (面 : 낯 면)

電話☐ (전화국) : 전화 가입자들의 전화 회선을 집중시켜 교환·   (電 : 번개 전)
중계 또는 새로운 가설 등의 일을 하는 곳   (話 : 말씀 화)

월   일
이름   확인

🌸 다음 한자의 훈과 음을 알아 보세요.

貴

훈 귀할 음 귀

'귀하다, 신분이 높다' 등을 뜻합니다.

🌸 순서에 맞게 貴를 쓰고 훈과 음을 쓰세요.

貴

귀할 귀

貝부수		貴貴貴貴貴貴貴貴貴貴貴貴 (총 12획)		
貴	貴	貴	貴	貴
귀할 귀				
귀할 귀				

🌸 다음 훈음에 맞는 한자를 쓰세요.

귀할 귀	귀할 귀	귀할 귀	귀할 귀	귀할 귀	귀할 귀	귀할 귀	귀할 귀
貴							

🌸 빈 칸에 貴를 쓰고 貴가 쓰인 낱말을 읽어 보세요.

□重(귀중) : 귀하고 소중함   (重 : 무거울 중)

□下(귀하) : 편지, 글 등에서 상대방을 높이어, 그의 이름 뒤에
                    쓰는 말   (下 : 아래 하)

월   일
이름   확인

✿ 다음 한자의 훈과 음을 알아 보세요.

規

훈 법 음 규

'법, 그림쇠(원을 그리는 기구)'
등을 뜻합니다.

• 유의어 : 法(법 법), 則(법칙 칙),
式(법 식)

✿ 순서에 맞게 規를 쓰고 훈과 음을 쓰세요.

規 법 규	見부수	規 規 規 規 規 規 規 規 規 規 規 (총 11획)			
	規 법 규	規	規	規	規
	법 규				

✿ 다음 훈음에 맞는 한자를 쓰세요.

법 규	법 규	법 규	법 규	법 규	법 규	법 규	법 규
規							

✿ 빈 칸에 規를 쓰고 規가 쓰인 낱말을 읽어 보세요.

☐格(규격) : 일정한 표준   (格 : 격식 격)

法☐(법규) : 국민의 권리와 의무에 관계되는 법 규범   (法 : 법 법)

🌱 다음 한자의 훈과 음을 알아 보세요.

給

'주다, 넉넉하다' 등을 뜻합니다.

훈줄 음급

🌱 순서에 맞게 給을 쓰고 훈과 음을 쓰세요.

給 줄 급	糸 부수	給 給 給 給 給 給 給 給 給 給 給 給 (총 12획)				
		給	給	給	給	給
	줄 급					
	줄 급					

🌱 다음 훈음에 맞는 한자를 쓰세요.

줄 급	줄 급	줄 급	줄 급	줄 급	줄 급	줄 급	줄 급
給							

🌱 빈 칸에 給을 쓰고 給이 쓰인 낱말을 읽어 보세요.

自☐自足(자급자족) : 자기의 수요를 스스로 생산하여 충당함

(自 : 스스로 자)
(足 : 발, 충족할 족)

☐食(급식) : ① 음식을 줌 ② 학교나 군대에서 음식을 주는 일

(食 : 먹을 식)

管 鮑 之 交 (관포지교)

대롱 **관**　　절인 어물 **포**　　어조사 **지**　　사귈 **교**

춘추시대 제(齊)나라의 '관중(管仲)과 포숙아(鮑叔牙)라는 두 친구의 사귐(交)'을 말합니다. 관중과 포숙아가 장사를 할 때 관중이 이익금을 더 많이 가져도 욕심쟁이라 하지 않고, 벼슬에서 쫓겨나도 시대를 잘못 만났음을 알아줬고, 전쟁에서 도망하였어도 겁쟁이라 하지 않고, 늙으신 어머니를 모시기 위함임을 헤아려 주었습니다. 이 두 사람의 사귐과 같이 **진정한 우정을 나타낼 때** 쓰이는 말입니다.

✿ 다음 한자의 훈과 음을 알아 보세요.

基

'**터, 기초**' 등을 뜻합니다.

훈 터 음 기

✿ 순서에 맞게 基를 쓰고 훈과 음을 쓰세요.

基 터 기	土부수	基基基基基基基基基基(총 11획) 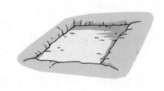			
		基	基	基	基	基
	터 기				
	터 기				

✿ 다음 훈음에 맞는 한자를 쓰세요.

터 기	터 기	터 기	터 기	터 기	터 기	터 기	터 기
基							

✿ 빈 칸에 基를 쓰고 基가 쓰인 낱말을 읽어 보세요.

☐ 本(기본) : 사물의 근본, 일이나 물건의 기초나 근본   (本 : 근본 본)

☐ 金(기금) : ① 기초가 되는 돈 ② 준비하여 놓은 돈   (金 : 쇠 금/성 김)

🌸 다음 한자의 훈과 음을 알아 보세요.

期

훈 기약할 음 기

'기약하다, 만나다, 일년' 등을 뜻합니다.

🌸 순서에 맞게 期를 쓰고 훈과 음을 쓰세요.

期 기약할 기	月부수	期 期 期 期 期 期 期 期 期 期 期 期 (총 12획)			
	期	期	期	期	期
	기약할 기				
	기약할 기				

🌸 다음 훈음에 맞는 한자를 쓰세요.

기약할 기	기약할 기	기약할 기	기약할 기	기약할 기	기약할 기	기약할 기	기약할 기
期							

🌸 빈 칸에 期를 쓰고 期가 쓰인 낱말을 읽어 보세요.

☐ 間(기간) : 일정한 시기의 사이　　　　　　　　　　(間 : 사이 간)

思春 ☐ (사춘기) : 몸의 생식 기능이 거의 완성되며 이성에　　(思 : 생각 사)
대해 관심을 갖는 나이를 일컫는 말　　(春 : 봄 춘)

🌱 다음 한자의 훈과 음을 알아 보세요.

技

훈 재주 음 기

'재주, 재능, 기술' 등을 뜻합니다.
• 유의어 : 術(재주 술)

🌱 순서에 맞게 技를 쓰고 훈과 음을 쓰세요.

技 재주 기	扌(手)부수		技技技技技技技 (총 7획)		
	技	技	技	技	技
	재주 기				
	재주 기				

🌱 다음 훈음에 맞는 한자를 쓰세요.

재주 기	재주 기	재주 기	재주 기	재주 기	재주 기	재주 기	재주 기
技							

🌱 빈 칸에 技를 쓰고 技가 쓰인 낱말을 읽어 보세요.

球 ☐ (구기) : 공을 사용하는 운동 경기   (球 : 공 구)

特 ☐ (특기) : 특별한 기술, 특별히 잘하는 일   (特 : 특별할 특)

월   일

이름   확인

🌸 다음 한자의 훈과 음을 알아 보세요.

己

훈몸 음기

'**몸, 나, 자기**' 등을 뜻합니다.

🌸 순서에 맞게 己를 쓰고 훈과 음을 쓰세요.

己
몸 기

己부수				己 己 己 (총 3획)
己	己	己	己	己
몸기				
몸기				

🌸 다음 훈음에 맞는 한자를 쓰세요.

몸기	몸기	몸기	몸기	몸기	몸기	몸기	몸기
己							

🌸 빈 칸에 己를 쓰고 己가 쓰인 낱말을 읽어 보세요.

自□ (자기) : ① 스스로 ② 제 몸   (自 : 스스로 자)

知□ (지기) : 자기의 속마음과 가치를 잘 알아주는 참다운 친구,
　　　　　　 知己之友(지기지우)의 준말   (知 : 알 지)

월 일
이름 확인

🌱 다음 한자의 훈과 음을 알아 보세요.

汽

훈 물끓는김 음 기

'물끓는김, 증기' 등을 뜻합니다.

🌱 순서에 맞게 汽를 쓰고 훈과 음을 쓰세요.

氵(水)부수			汽汽汽汽汽汽汽 (총 7획)	
汽 물끓는김 기	물끓는김 기			
	물끓는김 기			

🌱 다음 훈음에 맞는 한자를 쓰세요.

물끓는김 기	물끓는김 기	물끓는김 기	물끓는김 기	물끓는김 기	물끓는김 기	물끓는김 기	물끓는김 기
汽							

🌱 빈 칸에 汽를 쓰고 汽가 쓰인 낱말을 읽어 보세요.

☐ 船(기선) : 수증기의 힘으로 움직이는 배 　　　(船 : 배 선)

☐ 車(기차) : 증기나 디젤 기관을 원동력으로 하여 궤도 위를 달리는 차량 　　　(車 : 수레 거/차)

이야기로 익히는 **한자 4**

☆ 다음 빈 칸에 알맞은 음(音)이나 한자(漢字)를 **보기**에서 찾아 쓰세요.

그러던 100일째 ⁽¹⁾밤(　)이 되었습니다.

"이제는 곰 쓸개를 하나만 더 드시면 어머니의 ⁽²⁾生命(　　)을 ⁽³⁾구(　)

할 수 있을 거야."

그러나 마음 한편에선 억울하게 죽어간 곰에게 미안했습니다.

'내일은 절에 가서 곰을 위해 제사를 올려야겠다.'고 생각하며 책을 들여다

보고 귀신으로 변하는 둔갑술을 외우고 있었습니다.

바로 그 때, 요즘 남편의 ⁽⁴⁾行動(　　)을 수상쩍게 여기던 부인이 남편

을 숨어서 들여다보고는 깜짝 놀랐습니다. 평소에 점잖고 학식이 높은 ⁽⁵⁾男便

(　　)이 책을 보고 주문을 외우더니 아주 흉물스러운 귀신으로 변하는

것이었습니다.

" 아니 저럴 수가 ! 이를 어쩐다지?"

한참을 망설이던 부인은 귀신으로 변하는 ⁽⁶⁾재주(　)가

적힌 책을 가지고 나왔습니다.

'이 책을 없애 버리면 서방님이 다시는 귀신으로

변하는 일 따위는 하지 않으실 거야.' 하고는 몰래

숨어서 둔갑술이 적힌 책을 불태워 버렸습니다.

〈계속〉

보기 ① 생명　② 행동　③ 남편　④ 夜　⑤ 救　⑥ 技

1 다음 漢字語의 讀音을 쓰세요.

(1) 舊式　　(　　　　)　　(2) 期間　　(　　　　)

(3) 特技　　(　　　　)　　(4) 球技　　(　　　　)

(5) 給水　　(　　　　)　　(6) 基本　　(　　　　)

(7) 汽車　　(　　　　)　　(8) 月給　　(　　　　)

(9) 貴下　　(　　　　)　　(10) 局面　　(　　　　)

(11) 技術　　(　　　　)　　(12) 親舊　　(　　　　)

(13) 利己　　(　　　　)　　(14) 基金　　(　　　　)

(15) 規格　　(　　　　)　　(16) 貴重　　(　　　　)

(17) 藥局　　(　　　　)　　(18) 舊面　　(　　　　)

(19) 期待　　(　　　　)　　(20) 自己　　(　　　　)

2 다음 漢字의 訓과 음을 쓰세요.

(1) 汽　(　　　　)　　(2) 舊　(　　　　)

(3) 技　(　　　　)　　(4) 貴　(　　　　)

(5) 規　(　　　　)　　(6) 己　(　　　　)

3 다음 밑줄 친 낱말을 漢字로 쓰세요.

(1) 되도록이면 <u>규격</u> 봉투를 사용합시다.

(2) 요즘은 음주 운전 특별 단속 <u>기간</u>입니다.

(3) <u>귀하</u>는 상대방을 높여 주는 존칭입니다.

(4) 우리집은 <u>전화국</u> 뒤쪽에 있다.

(5) 요즘은 많은 학교에서 <u>급식</u>을 실시하고 있습니다.

(6) 부산행 <u>기차</u>가 방금 역을 출발했습니다.

(7) <u>기본</u>적인 규칙을 익힌 뒤 곧 실습에 들어가겠습니다.

(8) <u>자기</u>가 할 수 있는 일은 자기 스스로 합시다.

(9) 제 <u>특기</u>는 달리기입니다.

(10) 어린왕자와 여우는 <u>친구</u>가 되었습니다.

4 다음 訓과 音에 맞는 漢字를 쓰세요.

(1) 터 기 　 (　　　　) 　 (2) 판 국 　 (　　　　)

(3) 줄 급 　 (　　　　) 　 (4) 기약할 기 (　　　　)

5 다음 漢字와 뜻이 상대 또는 반대되는 漢字를 쓰세요.

例 　 男 ↔ 女

(1) 舊 ↔ (　　　　)

6 다음 (   )에 들어갈 漢字를 〈보기〉에서 골라 그 番號를 쓰세요.

> 보기   ① 問 ② 心 ③ 動 ④ 給

(1) 自(   )自足

7 다음 漢字와 뜻이 같거나 비슷한 漢字를 골라 그 番號를 쓰세요.

(1) 術 – (① 手 ② 技 ③ 力 ④ 活)
(2) 古 – (① 見 ② 舊 ③ 成 ④ 體)

8 다음 漢字와 음이 같은 漢字를 골라 그 番號를 쓰세요.

(1) 旗 – (① 基 ② 近 ③ 郡 ④ 具)
(2) 給 – (① 救 ② 結 ③ 各 ④ 急)
(3) 局 – (① 區 ② 國 ③ 口 ④ 技)

9 다음 漢字語의 뜻을 쓰세요.

> 例   讀音 : ① 글 읽는 소리 ② 한자의 음

(1) 新舊 – (   ) (2) 貴重 – (   )
(3) 特技 – (   ) (4) 給水 – (   )

월   일 이름   확인

10 다음 漢字의 略字(획수를 줄인 漢字)를 쓰세요.

例 禮 → 礼

(1) 舊 – (   )

11 다음 물음에 답하세요.

(1)  ㉠획의 쓰는 순서를 아래에서 골라 번호를 쓰세요.

① 세 번째   ② 네 번째

③ 다섯 번째   ④ 여섯 번째

(2)  ㉠획의 쓰는 순서를 아래에서 골라 번호를 쓰세요.

① 세 번째   ② 네 번째

③ 다섯 번째   ④ 여섯 번째

(3) 技 쓰는 순서가 맞는 것을 아래에서 골라 번호를 쓰세요.

① ㉠ – ㉡ – ㉢ – ㉣ – ㉤ – ㉥ – ㉦

② ㉠ – ㉡ – ㉢ – ㉤ – ㉣ – ㉦ – ㉥

③ ㉠ – ㉢ – ㉡ – ㉤ – ㉣ – ㉥ – ㉦

④ ㉢ – ㉠ – ㉡ – ㉤ – ㉣ – ㉦ – ㉥

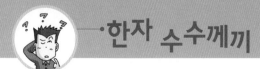
☆ 어떤 한자일까요? 맞춰 보세요.

소에 꼬리가 둘 달린 한자는 무엇일까요?

해가 열 개 떠오르는 한자는 무엇일까요?

해답

▶ 先 먼저 선(牛소+乚꼬리)

▶ 早 이를 조(日해+十열)

• 先 : 먼저 선(儿-총 6획) • 早 : 이를 조(日-총 6획)

吉 길할 길

念 생각 념

能 능할 능

團 둥글 단

壇 단 단

談 말씀 담

當 마땅 당

德 큰 덕

到 이를 도

島 섬 도

🌸 다음 한자의 훈과 음을 알아 보세요.

吉

훈 길할 음 길

'길하다, 복' 등을 뜻합니다.

• 상대반의어 : 凶(흉할 흉)

🌸 순서에 맞게 吉을 쓰고 훈과 음을 쓰세요.

	□부수			吉 吉 吉 吉 吉 吉 (총 6획)		
吉 길할 길	吉 길할 길	吉	吉	吉	吉	
	길할 길					

🌸 다음 훈음에 맞는 한자를 쓰세요.

길할 길	길할 길	길할 길	길할 길	길할 길	길할 길	길할 길	길할 길
吉							

🌸 빈 칸에 吉을 쓰고 吉이 쓰인 낱말을 읽어 보세요.

☐ 日 (길일) : 길한 날, 좋은 날   (日 : 날 일)

立春大 ☐ (입춘대길) : 입춘이 되면 복을 기원하면서
벽이나 문 위 등에 써 붙이는 글귀

(立 : 설 립)
(春 : 봄 춘)
(大 : 큰 대)

월   일
이름   확인

🌼 다음 한자의 훈과 음을 알아 보세요.

念
훈 생각 음 념

'생각하다, 생각, 외다' 등을 뜻합니다.
• 유의어 : 思(생각 사), 考(생각할 고)

🌼 순서에 맞게 念을 쓰고 훈과 음을 쓰세요.

念 생각 념	心부수 念念念念念念念念 (총 8획)				
	念	念	念	念	念
	생각 념				
	생각 념				

🌼 다음 훈음에 맞는 한자를 쓰세요.

생각 념	생각 념	생각 념	생각 념	생각 념	생각 념	생각 념	생각 념
念							

🌼 빈 칸에 念을 쓰고 念이 쓰인 낱말을 읽어 보세요.

通[ ](통념) : 사회에 널리 통하는 일반적인 생각   (通 : 통할 통)

[ ]願(염원) : 마음 속에 깊이 생각하고 간절히 바람   (願 : 원할 원)

✿ 다음 한자의 훈과 음을 알아 보세요.

能

훈 능할 음 능

'**능하다, 잘하다**' 등을 뜻합니다.

✿ 순서에 맞게 能을 쓰고 훈과 음을 쓰세요.

能

능할 능

月(肉)부수	能能能能能能能能能能 (총 10획)

能	能	能	能	能
능할 능				
능할 능				

✿ 다음 훈음에 맞는 한자를 쓰세요.

능할 능	능할 능	능할 능	능할 능	능할 능	능할 능	능할 능	능할 능
能							

✿ 빈 칸에 能을 쓰고 能이 쓰인 낱말을 읽어 보세요.

萬 [ ] (만능) : 모든 일에 능통함

(萬 : 일만 만)

[ ] 力 (능력) : 그 일을 감당할 수 있는 힘

(力 : 힘 력)

월   일
이름   확인

🌱 다음 한자의 훈과 음을 알아 보세요.

團

훈둥글 음단

» '둥글다, 모이다' 등을 뜻합니다.

🌱 순서에 맞게 團을 쓰고 훈과 음을 쓰세요.

團 둥글 단	□부수	團團團團團團團團團團團團團團 (총 14획)			
	團	團	團	團	團
	둥글 단				
					약자 団
	둥글 단				

🌱 다음 훈음에 맞는 한자를 쓰세요.

둥글 단	둥글 단	둥글 단	둥글 단	둥글 단	둥글 단	둥글 단	둥글 단
團							

🌱 빈 칸에 團을 쓰고 團이 쓰인 낱말을 읽어 보세요.

集☐ (집단) : 모여서 단체를 이룬 것   (集 : 모을 집)

☐結 (단결) : 여러 사람이 마음을 하나로 한데 뭉침   (結 : 맺을 결)

🌸 다음 한자의 훈과 음을 알아 보세요.

壇
훈단 음단

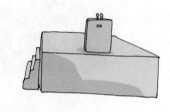

'단, 뜰' 등을 뜻합니다.

🌸 순서에 맞게 壇을 쓰고 훈과 음을 쓰세요.

土부수	壇壇壇壇壇壇壇壇壇壇壇壇壇壇(총 16획)
壇 단 단	壇 壇 壇 壇 壇
	단단
	단단

🌸 다음 훈음에 맞는 한자를 쓰세요.

단단	단단	단단	단단	단단	단단	단단	단단
壇							

🌸 빈 칸에 壇을 쓰고 壇이 쓰인 낱말을 읽어 보세요.

敎 ☐ (교단) : 선생님이 가르치실 때 서는 높은 단   (敎 : 가르칠 교)

花 ☐ (화단) : 꽃을 심기 위하여 뜰 한쪽에 흙을 한층 높게
쌓아 놓은 곳   (花 : 꽃 화)

만화로 익히는 **고사성어**

結 草 報 恩 (결초보은)

맺을 **결**　　풀 **초**　　갚을 **보**　　은혜 **은**

'풀(草)을 엮어서(結) 은혜(恩)를 갚는다(報)'는 뜻으로 죽어서도 잊지 않고 은혜를 갚는 것을 말합니다. 진(晉)나라의 위무자라는 사람이 병이 들자 아들 위과에게 자신의 후처를 개가시키라 유언 했습니다. 얼마 후 병이 더욱 깊어 정신이 혼미해지자 후처를 같이 묻어달라 했습니다. 아들 위과는 정신이 있을 때의 유언에 따라 개가시켜 주었습니다. 얼마 후 전쟁터에서 위과가 위험에 처했을 때 후처의 아버지가 풀을 엮어서 적군으로 부터 위과의 목숨을 구해주었다는 고사에서 유래되어 결초보은이란 말이 쓰이게 되었습니다.

☘ 다음 한자의 훈과 음을 알아 보세요.

談

훈 말씀 음 담

'말씀, 이야기하다' 등을 뜻합니다.

• 유의어 : 語(말씀 어), 話(말씀 화)
　　　　　 說(말씀 설)

☘ 순서에 맞게 談을 쓰고 훈과 음을 쓰세요.

談 말씀 담	言부수	談 談 談 談 談 談 談 談 談 談 談 談 談 談 談 (총 15획)
	談	談　　談　　談　　談
	말씀 담	
	말씀 담	

☘ 다음 훈음에 맞는 한자를 쓰세요.

말씀 담	말씀 담	말씀 담	말씀 담	말씀 담	말씀 담	말씀 담	말씀 담
談							

☘ 빈 칸에 談을 쓰고 談이 쓰인 낱말을 읽어 보세요.

面☐ (면담) : 서로 만나서 이야기함　　　　　　　　　　　　　　　(面 : 낯 면)

☐話 (담화) : ① 이야기 ② 단체나 개인이 그 의견이나 태도를　　(話 : 말씀 화)
　　　　　　　 밝히기 위해 하는 말

다음 한자의 훈과 음을 알아 보세요.

當
훈마땅 음당

'당하다, 해당하다, 마땅히' 등을 뜻합니다.
• 상대반의어 : 落(떨어질 락)

순서에 맞게 當을 쓰고 훈과 음을 쓰세요.

當 마땅 당	田부수	當當當當當當當當當當當當當 (총 13획)			
	當	當	當	當	當
	마땅 당				
				약자	当
	마땅 당				

다음 훈음에 맞는 한자를 쓰세요.

마땅 당	마땅 당	마땅 당	마땅 당	마땅 당	마땅 당	마땅 당	마땅 당
當							

빈 칸에 當을 쓰고 當이 쓰인 낱말을 읽어 보세요.

然(당연) : 마땅히 그렇게 되어야 함
(然 : 그럴 연)

事者(당사자) : 그 일에 직접 관계가 있는 사람
(事 : 일 사)
(者 : 놈 자)

🌱 다음 한자의 훈과 음을 알아 보세요.

德
훈큰 음덕

'크다, 덕' 등을 뜻합니다.

🌱 순서에 맞게 德을 쓰고 훈과 음을 쓰세요.

德	彳부수	德德德德德德德德德德德德德德德 (총 15획)
큰 덕	큰 덕	德 德 德 德 德
	큰 덕	

🌱 다음 훈음에 맞는 한자를 쓰세요.

큰 덕	큰 덕	큰 덕	큰 덕	큰 덕	큰 덕	큰 덕	큰 덕
德							

🌱 빈 칸에 德을 쓰고 德이 쓰인 낱말을 읽어 보세요.

道☐ (도덕) : 사람이 지켜야 할 바른 길과 행위　　　(道 : 길 도)

☐談 (덕담) : 새해를 맞아 상대방에게 잘 되기를 비는 말이나 인사　(談 : 말씀 담)

월   일
이름   확인

🌸 다음 한자의 훈과 음을 알아 보세요.

到

훈이를 음도

'**이르다**'를 뜻합니다.

• 유의어 : 着(붙을 착)

🌸 순서에 맞게 到를 쓰고 훈과 음을 쓰세요.

到 이를 도	ㅣ(刀)부수	到 到 到 到 到 到 到 到 (총 8획)			
	到	到	到	到	到
	이를 도				
	이를 도				

🌸 다음 훈음에 맞는 한자를 쓰세요.

이를 도	이를 도	이를 도	이를 도	이를 도	이를 도	이를 도	이를 도
到							

🌸 빈 칸에 到를 쓰고 到가 쓰인 낱말을 읽어 보세요.

☐ 着(도착) : 목적한 곳에 다다름   (着 : 붙을 착)

☐ 來(도래) : 어떤 시기나 기회가 다가옴   (來 : 올 래)

🌸 다음 한자의 훈과 음을 알아 보세요.

島

훈섬 음도

'섬, 사방이 바다로 둘러싸인 육지' 등을 뜻합니다.

🌸 순서에 맞게 島를 쓰고 훈과 음을 쓰세요.

島 섬 도	山부수	島島島島島島島島島島 (총 10획)
	島 島 島 島 島	
	섬 도	
	섬 도	

🌸 다음 훈음에 맞는 한자를 쓰세요.

섬 도	섬 도	섬 도	섬 도	섬 도	섬 도	섬 도	섬 도
島							

🌸 빈 칸에 島를 쓰고 島가 쓰인 낱말을 읽어 보세요.

半☐ (반도) : 삼면이 바다로 둘러싸이고 한 면이 육지에 닿은 땅　(半 : 반 반)

三多☐ (삼다도) : 여자·돌·바람이 많은 섬이란 뜻으로 제주도를 가리키는 말　(三 : 석 삼) (多 : 많을 다)

이야기로 익히는 한자 5

☆ 다음 빈 칸에 알맞은 음(音)이나 한자(漢字)를 **보기**에서 찾아 쓰세요.

새벽이 되자 효자는 곰의 쓸개를 가지고 돌아와 사람으로 둔갑하기 위해 황급히 책을 찾았지만 찾을 수가 없었습니다.

"나를 사람으로 돌아가게 해 주시오."라고 만나는 사람마다 말(1)〔　　〕을 해 보았지만 사람들은 귀신이 된 효자의 모습을 보고는 미리부터 기절 해버렸습니다.

'죄 없는 곰을 백 마리나 죽인 나의 죄 값을 받나보다!'

하고 自己(2)〔　　　〕가 죽인 곰을 위해 여생을 살아가야겠다고 생각(3)〔　　〕했습니다.

귀신이 된 효자는 산 속으로 들어가 사냥꾼들로부터 곰의 생명을 지켜주었습니다. 100마리째 곰의 목숨을 살려주던 날, 효자는 귀신의 몸에서 사람의 몸으로 변했습니다. 효자는 집으로 돌아가 남은 一生(4)〔　　　〕을 덕(5)〔　　〕을 닦으며 행복하게 살았답니다.　　　　　　　　　　　　　　　　　　　　　　　　　　　〈끝〉

보기 ① 자기　② 일생　③ 德　④ 念　⑤ 談

월   일 이름   확인

1 다음 漢字語의 讀音을 쓰세요.

(1) 吉日　　（　　　　　）　　(2) 萬能　　（　　　　　）

(3) 觀念　　（　　　　　）　　(4) 立春大吉　（　　　　　）

(5) 技能　　（　　　　　）　　(6) 團結　　（　　　　　）

(7) 花壇　　（　　　　　）　　(8) 通念　　（　　　　　）

(9) 談話　　（　　　　　）　　(10) 當局　　（　　　　　）

(11) 德行　　（　　　　　）　　(12) 文壇　　（　　　　　）

(13) 才能　　（　　　　　）　　(14) 到來　　（　　　　　）

(15) 道德　　（　　　　　）　　(16) 半島　　（　　　　　）

(17) 面談　　（　　　　　）　　(18) 集團　　（　　　　　）

(19) 能力　　（　　　　　）　　(20) 當事者　（　　　　　）

2 다음 漢字의 訓과 음을 쓰세요.

(1) 壇　（　　　　　）　　(2) 島　（　　　　　）

(3) 吉　（　　　　　）　　(4) 念　（　　　　　）

(5) 能　（　　　　　）　　(6) 談　（　　　　　）

3 다음 밑줄 친 낱말을 漢字로 쓰세요.

(1) 제주도는 돌, 바람, 여자가 많아서 <u>삼다도</u>라 불린다.

(2) 창수는 그림에 천부적인 <u>재능</u>이 있다.

(3) 설날 아침 <u>덕담</u>이 오고 갔습니다.

(4) 어제는 가족들과 함께 <u>화단</u>에 꽃을 심었습니다.

(5) 공부를 거의 안 했으니 시험에 떨어지는 것은 <u>당연</u>한 일입니다.

(6) <u>길일</u>을 택하여 결혼을 했습니다.

(7) 온 국민이 <u>단결</u>하여 IMF 위기를 이겨 냈습니다.

(8) <u>덕행</u>을 쌓으면 곧 좋은 보답이 있을 것입니다.

(9) 새 시대가 <u>도래</u>했습니다.

(10) 그는 <u>신념</u>이 투철한 사람이다.

4 다음 訓과 音에 맞는 漢字를 쓰세요.

(1) 둥글 단　(　　　　　)　(2) 큰 덕　　(　　　　　　)

(3) 이를 도　(　　　　　)　(4) 마땅 당　(　　　　　　)

5 다음 漢字와 뜻이 상대 또는 반대되는 漢字를 쓰세요.

例	男 ↔ 女

(1) 曲 ↔ (　　　　　)

6 다음 (   )에 들어갈 漢字를 〈보기〉에서 골라 그 番號를 쓰세요.

> 보 기   ① 通 ② 小 ③ 吉 ④ 敬

(1) 立春大(   )

7 다음 漢字와 뜻이 같거나 비슷한 漢字를 골라 그 番號를 쓰세요.

(1) 談 – (① 話 ② 線 ③ 書 ④ 畫)

8 다음 漢字와 음이 같은 漢字를 골라 그 番號를 쓰세요.

(1) 團 – (① 具 ② 談 ③ 壇 ④ 多)

(2) 堂 – (① 當 ② 林 ③ 面 ④ 土)

(3) 島 – (① 山 ② 道 ③ 德 ④ 基)

9 다음 漢字語의 뜻을 쓰세요.

> 例   讀音 : ① 글 읽는 소리 ② 한자의 음

(1) 無人島 – (   ) (2) 面談 – (   )

(3) 吉日 – (   ) (4) 當事者 – (   )

10 다음 漢字의 略字(획수를 줄인 漢字)를 쓰세요.

> | 例 | 禮 → 礼 |

(1) 團 – (　　　　　)　　　　(2) 當 – (　　　　　)

11 다음 물음에 답하세요.

(1) 當 ㉠획의 쓰는 순서를 아래에서 골라 번호를 쓰세요.

① 첫 번째　　　　② 두 번째

③ 세 번째　　　　④ 네 번째

(2) 能 ㉠획의 쓰는 순서를 아래에서 골라 번호를 쓰세요.

① 여섯 번째　　　　② 일곱 번째

③ 여덟 번째　　　　④ 아홉 번째

(3) 吉 쓰는 순서가 맞는 것을 아래에서 골라 번호를 쓰세요.

① ㉠ – ㉡ – ㉢ – ㉤ – ㉣ – ㉥

② ㉡ – ㉠ – ㉢ – ㉤ – ㉣ – ㉥

③ ㉠ – ㉡ – ㉢ – ㉣ – ㉥ – ㉤

④ ㉡ – ㉠ – ㉢ – ㉣ – ㉥ – ㉤

·한자 수수께끼

☆ 어떤 한자일까요? 맞춰 보세요.

돼지가 갓을 쓰고 있는 한자는 무엇일까요?

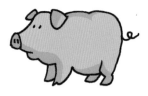 

밭에 두렁이 무너진 한자는 무엇일까요?

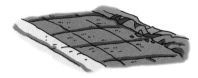

해답

▶ **家** 집 가(豕 돼지 시＋ 宀 갓머리/집 면)

▶ **十** 열 십(田 밭에서 두렁이 무너짐)

· 家 : 집 가(宀-총 10획)　· 十 : 열 십(十-총 2획)

부록

8급(50자), 7급·7급Ⅱ(100자) 한자를 복습합니다.
5급 시험의 쓰기 범위가 되니 능숙하게
쓸 수 있도록 연습하세요.

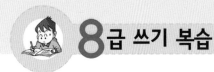
😊 빈 칸에 한자를 쓰면서 익혀 보세요.

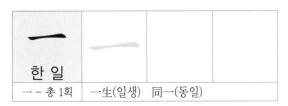

一
한 일
一 - 총 1획   一生(일생)   同一(동일)

二
두 이
二 - 총 2획   二十(이십)   二日(이일)   二重(이중)

三
석 삼
一 - 총 3획   三月(삼월)   三日(삼일)

四
넉 사
口 - 총 5획   四寸(사촌)

五
다섯 오
二 - 총 4획   三三五五(삼삼오오)

六
여섯 륙
八 - 총 4획   六寸(육촌)   六學年(육학년)

七
일곱 칠
一 - 총 2획   七月(칠월)   七日(칠일)

八
여덟 팔
八 - 총 2획   十八金(십팔금)

九
아홉 구
乙 - 총 2획   九月(구월)   十中八九(십중팔구)

十
열 십
十 - 총 2획   十月(시월)   十日(십일)

萬
일만 만
艹(艸) - 총 13획   萬國(만국)

日
날 일
日 - 총 4획   韓日(한일)

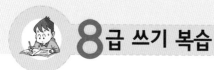

8급 쓰기 복습

| 월 | 일 | 이름 | | 확인 |

🅱 빈 칸에 한자를 쓰면서 익혀 보세요.

月 달 월
月 - 총 4획 月出(월출) 日月(일월)

火 불 화
火 - 총 4획 火山(화산)

水 물 수
水 - 총 4획 水軍(수군) 水國(수국)

木 나무 목
木 - 총 4획 長木(장목)

金 쇠 금/성 김
金 - 총 8획 年金(연금) 金九(김구)

土 흙 토
土 - 총 3획 土木(토목)

東 동녘 동
木 - 총 8획 東西南北(동서남북) 東大門(동대문)

西 서녘 서
襾 - 총 6획 西山(서산) 東西(동서)

南 남녘 남
十 - 총 9획 南韓(남한) 南大門(남대문)

北 북녘 북/달아날 배
匕 - 총 5획 北門(북문) 北韓(북한)

外 바깥 외
夕 - 총 5획 外國人(외국인) 校外(교외)

山 메 산
山 - 총 3획 靑山(청산) 山水(산수)

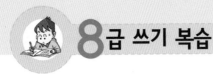

8급 쓰기 복습

❹ 빈 칸에 한자를 쓰면서 익혀 보세요.

大 큰 대
大 - 총 3획   大學(대학)   大門(대문)

韓 나라 한
韋 - 총 17획   大韓民國(대한민국)

民 백성 민
氏 - 총 5획   民生(민생)

國 나라 국
囗 - 총 11획   國土(국토)   母國(모국)

中 가운데 중
丨 - 총 4획   中學生(중학생)

小 작을 소
小 - 총 3획   小國(소국)   小人(소인)

軍 군사 군
車 - 총 9획   軍人(군인)   國軍(국군)

王 임금 왕
王(玉) - 총 4획   國王(국왕)   王室(왕실)

父 아비 부
父 - 총 4획   父女(부녀)   父母(부모)

母 어미 모
毋 - 총 5획   母女(모녀)   母校(모교)

兄 맏/형 형
儿 - 총 5획   學父兄(학부형)

弟 아우 제
弓 - 총 7획   兄弟(형제)

📝 빈 칸에 한자를 쓰면서 익혀 보세요.

女
계집 녀(여)
女 - 총 3획 | 長女(장녀) | 女軍(여군)

人
사람 인
人 - 총 2획 | 萬人(만인) | 人生(인생)

寸
마디 촌
寸 - 총 3획 | 三寸(삼촌)

學
배울 학
子 - 총 16획 | 學生(학생) | 學校(학교)

校
학교 교
木 - 총 10획 | 校長(교장) | 校門(교문)

敎
가르칠 교
攵(攴) - 총 11획 | 敎人(교인) | 敎室(교실)

室
집 실
宀 - 총 9획 | 室外(실외)

先
먼저 선
儿 - 총 6획 | 先生(선생) | 先王(선왕)

生
날 생
生 - 총 5획 | 生水(생수) | 生日(생일)

年
해 년(연)
干 - 총 6획 | 中年(중년) | 生年月日(생년월일)

長
긴/어른 장
長 - 총 8획 | 生長(생장)

門
문 문
門 - 총 8획 | 門中(문중) | 水門(수문)

靑
푸를 청
靑 - 총 8획 | 靑山(청산) | 靑年(청년)

白
흰 백
白 - 총 5획 | 白人(백인) | 白軍(백군)

🅝 빈 칸에 한자를 쓰면서 익혀 보세요.

天 / 天
하늘 천
大 – 총 4획   天地(천지)   天國(천국)

地 / 地
땅 지
土 – 총 6획   地下(지하)   地名(지명)

自 / 自
스스로 자
自 – 총 6획   自國(자국)   自生(자생)

然 / 然
그럴 연
灬(火) – 총 12획   天然(천연)   自然(자연)

川 / 川
내 천
巛(川) – 총 3획   山川(산천)   大川(대천)

江 / 江
강 강
氵(水) – 총 6획   江山(강산)   江南(강남)

海 / 海
바다 해
氵(水) – 총 10획   東海(동해)   海軍(해군)

林 / 林
수풀 림
木 – 총 8획   山林(산림)   國有林(국유림)

花 / 花
꽃 화
艹(艸) – 총 8획   花草(화초)   國花(국화)

草 / 草
풀 초
艹(艸) – 총 10획   草木(초목)   草家(초가)

植 / 植
심을 식
木 – 총 12획   植木日(식목일)   植物(식물)

物 / 物
물건 물
牛 – 총 8획   萬物(만물)   名物(명물)

7급 쓰기 복습(7급 Ⅱ 포함)

월　　일　이름　　　　　확인

🖐 빈 칸에 한자를 쓰면서 익혀 보세요.

色　빛 색
色 – 총 6획　色紙(색지)　同色(동색)

上　윗 상
一 – 총 3획　地上(지상)　上中下(상중하)

下　아래 하
一 – 총 3획　下山(하산)　下校(하교)

左　왼 좌
工 – 총 5획　左右(좌우)　左心室(좌심실)

右　오른 우
口 – 총 5획　右便(우편)　右向右(우향우)

前　앞 전
刂(刀) – 총 9획　前後(전후)　前文(전문)

後　뒤 후
彳 – 총 9획　後日(후일)　後學(후학)

內　안 내
入 – 총 4획　內心(내심)　內面(내면)

出　날 출
凵 – 총 5획　出入(출입)　出家(출가)

入　들 입
入 – 총 2획　入口(입구)　入場(입장)

正　바를 정
止 – 총 5획　正直(정직)　正答(정답)

直　곧을 직
目 – 총 8획　直立(직립)　直前(직전)

7급 쓰기 복습(7급 Ⅱ 포함)

월   일 이름   확인

🅱 빈 칸에 한자를 쓰면서 익혀 보세요.

方 모 방
方 – 총 4획   東方(동방)   四方(사방)

住 살 주
亻(人) – 총 7획   住民(주민)   住所(주소)

所 바/곳 소
戶 – 총 8획   所重(소중)   所有(소유)

姓 성 성
女 – 총 8획   姓名(성명)   同姓(동성)

名 이름 명
口 – 총 6획   名山(명산)   名所(명소)

市 저자 시
巾 – 총 5획   市場(시장)   市民(시민)

立 설 립(입)
立 – 총 5획   市立(시립)   立春(입춘)

世 인간 세
一 – 총 5획   世人(세인)   世上(세상)

間 사이 간
門 – 총 12획   人間(인간)   間食(간식)

電 번개 전
雨 – 총 13획   電氣(전기)   電動車(전동차)

氣 기운 기
气 – 총 10획   生氣(생기)   氣力(기력)

不 아닐 불(부)
一 – 총 4획   不動(부동)   不安(불안)

5급 ①과정

7급 쓰기 복습(7급 II 포함)

🖐 빈 칸에 한자를 쓰면서 익혀 보세요.

平
평평할 평
干 – 총 5획 | 平安(평안) | 平生(평생)

有
있을 유
月 – 총 6획 | 有力(유력) | 有名(유명)

重
무거울 중
里 – 총 9획 | 重大(중대) | 重力(중력)

車
수레 거/차
車 – 총 7획 | 自動車(자동차) | 人力車(인력거)

面
낯 면
面 – 총 9획 | 地面(지면) | 面長(면장)

口
입 구
口 – 총 3획 | 人口(인구) | 食口(식구)

手
손 수
手 – 총 4획 | 手足(수족) | 手中(수중)

足
발 족
足 – 총 7획 | 不足(부족) | 自足(자족)

力
힘 력(역)
力 – 총 2획 | 國力(국력) | 自力(자력)

命
목숨 명
口 – 총 8획 | 人命(인명) | 命中(명중)

老
늙을 로(노)
耂(老) – 총 6획 | 老人(노인) | 老少(노소)

少
적을 소
小 – 총 4획 | 少女(소녀) | 少年(소년)

🈁 빈 칸에 한자를 쓰면서 익혀 보세요.

男
사내 남
田 – 총 7획 | 男女(남녀) | 男子(남자)

子
아들 자
子 – 총 3획 | 子女(자녀) | 父子(부자)

孝
효도 효
子 – 총 7획 | 孝子(효자) | 孝心(효심)

道
길 도
辶(辵) – 총 13획 | 孝道(효도) | 道場(도장/도량)

家
집 가
宀 – 총 10획 | 家事(가사) | 家長(가장)

事
일 사
亅 – 총 8획 | 事物(사물) | 事件(사건)

祖
할아비 조
示 – 총 10획 | 祖父(조부) | 祖上(조상)

問
물을 문
口 – 총 11획 | 問答(문답) | 問安(문안)

答
대답할 답
竹 – 총 12획 | 答紙(답지) | 正答(정답)

語
말씀 어
言 – 총 14획 | 國語(국어) | 語學(어학)

文
글월 문
文 – 총 4획 | 文人(문인) | 文學(문학)

漢
한나라 한
氵(水) – 총 14획 | 漢文(한문) | 漢江(한강)

✌ 빈 칸에 한자를 쓰면서 익혀 보세요.

字
글자 자
子 - 총 6획 文字(문자) 字母(자모)

工
장인 공
工 - 총 3획 工場(공장) 人工(인공)

夫
지아비 부
大 - 총 4획 夫人(부인) 工夫(공부)

話
말씀 화
言 - 총 13획 手話(수화) 電話(전화)

育
기를 육
月(肉) - 총 8획 教育(교육) 育林(육림)

記
기록할 기
言 - 총 10획 記事(기사) 記入(기입)

登
오를 등
癶 - 총 12획 登山(등산) 登校(등교)

百
일백 백
白 - 총 6획 百姓(백성) 百方(백방)

千
일천 천
十 - 총 3획 千年(천년) 千金(천금)

算
셈할 산
竹 - 총 14획 算出(산출) 算數(산수)

數
셀 수
攵(攴) - 총 15획 數日(수일) 數字(숫자)

同
한가지 동
口 - 총 6획 同氣(동기) 同生(동생)

빈 칸에 한자를 쓰면서 익혀 보세요.

安 편안할 안
宀 - 총 6획　安心(안심)　安全(안전)

全 온전 전
入 - 총 6획　全國(전국)　全校(전교)

空 빌 공
穴 - 총 8획　空間(공간)　空軍(공군)

旗 기 기
方 - 총 14획　國旗(국기)　旗手(기수)

主 주인 주
、 - 총 5획　主人(주인)　主食(주식)

春 봄 춘
日 - 총 9획　二八靑春(이팔청춘)　春三月(춘삼월)

夏 여름 하
夂 - 총 10획　立夏(입하)　夏至(하지)

秋 가을 추
禾 - 총 9획　秋月(추월)　春秋(춘추)

冬 겨울 동
冫 - 총 5획　立冬(입동)　冬至(동지)

午 낮 오
十 - 총 4획　午前(오전)　午後(오후)

夕 저녁 석
夕 - 총 3획　夕食(석식)　秋夕(추석)

每 매양 매
毋 - 총 7획　每日(매일)　每事(매사)

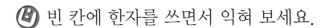

7급 쓰기 복습(7급Ⅱ포함)

월   일   이름   확인

빈 칸에 한자를 쓰면서 익혀 보세요.

時
때 시
日 - 총 10획   時日(시일)   時間(시간)

來
올 래(내)
人 - 총 8획   來年(내년)   來日(내일)

洞
고을 동
氵(水) - 총 9획   洞口(동구)   洞里(동리)

里
마을 리(이)
里 - 총 7획   千里馬(천리마)   里長(이장)

農
농사 농
辰 - 총 13획   農夫(농부)   農村(농촌)

村
마을 촌
木 - 총 7획   村老(촌로)   村長(촌장)

場
마당 장
土 - 총 12획   農場(농장)   場所(장소)

邑
고을 읍
邑 - 총 7획   邑內(읍내)   邑長(읍장)

休
쉴 휴
亻(人) - 총 6획   休學(휴학)   休校(휴교)

紙
종이 지
糸 - 총 10획   紙上(지상)   白紙(백지)

活
살 활
氵(水) - 총 9획   活氣(활기)   活力(활력)

動
움직일 동
力 - 총 11획   生動(생동)   動力(동력)

🎵 빈 칸에 한자를 쓰면서 익혀 보세요.

食	食		
밥/먹을 식			
食 – 총 9획	食後(식후)	食事(식사)	

便	便		
편할 편/똥·오줌 변			
亻(人) – 총 9획	便紙(편지)	便所(변소)	

心	心		
마음 심			
心 – 총 4획	心中(심중)	人心(인심)	

歌	歌		
노래 가			
欠 – 총 14획	校歌(교가)	歌手(가수)	

이야기로 익히는 한자 1(19p)
(1) ②   (2) ③   (3) ⑤   (4) ④
(5) ①   (6) ⑥   (7) ⑦

제 1회 기출 및 예상 문제 (20p~23p)
❶ (1) 정가 (2) 객석 (3) 거수 (4) 개정
  (5) 물건 (6) 거래 (7) 가중 (8) 거동
  (9) 개명 (10) 가동 (11) 건국 (12) 불가
  (13) 용건 (14) 건전 (15) 건물 (16) 객실
  (17) 개정 (18) 물가 (19) 가공 (20) 건재

❷ (1) 갈 거   (2) 더할 가 (3) 굳셀 건
  (4) 고칠 개 (5) 세울 건 (6) 옳을 가

❸ (1) 客席 (2) 定價 (3) 不可 (4) 健全
  (5) 改正 (6) 事件 (7) 加工 (8) 建國
  (9) 擧動 (10) 去來

❹ (1) 擧 (2) 客 (3) 價 (4) 件

❺ (1) 客 (2) 來

❻ (1) ② (2) ④

❼ (1) ③

❽ (1) ① (2) ③ (3) ①

❾ (1) 바르게 고침 (2) 새로 나라를 세움
  (3) 튼튼하고 착실하며 완전함
  (4) 정해 놓은 값

❿ (1) 価   (2) 挙, 擧

⓫ (1) ② (2) ④ (3) ①

이야기로 익히는 한자 2(37p)
(1) ⑥ (2) ④ (3) ② (4) ① (5) ⑤ (6) ③ (7) ⑦

제 2회 기출 및 예상 문제 (38p~41p)
❶ (1) 격식 (2) 가결 (3) 고백 (4) 경중
  (5) 결심 (6) 결과 (7) 의견 (8) 고유
  (9) 고발 (10) 격언 (11) 발견 (12) 경합
  (13) 경거 (14) 야경 (15) 결사 (16) 경로
  (17) 고정 (18) 경례 (19) 고별 (20) 고체

❷ (1) 다툴 경 (2) 격식 격   (3) 맺을 결
  (4) 볕 경 (5) 결단할 결 (6) 가벼울 경

❸ (1) 告發 (2) 見聞 (3) 敬禮 (4) 格言

(5) 決定 (6) 夜景 (7) 競合 (8) 輕重
(9) 固有 (10) 結果

❹ (1) 敬 (2) 告 (3) 見 (4) 固

❺ (1) 輕

❻ (1) ② (2) ④ (3) ②

❼ (1) ③

❽ (1) ④ (2) ① (3) ②

❾ (1) 가벼움과 무거움 (2) 보고 들음
  (3) 밤 경치 (4) 노인을 공경함

❿ (1) 軽

⓫ (1) ④ (2) ② (3) ②

이야기로 익히는 한자 3(55p)
(1) ③ (2) ⑤ (3) ② (4) ⑥ (5) ⑦ (6) ④ (7) ①

제 3회 기출 및 예상 문제 (56p~59p)
❶ (1) 구국 (2) 과외 (3) 과속 (4) 광고
  (5) 경관 (6) 곡선 (7) 관문 (8) 용구
  (9) 과실 (10) 관전 (11) 관심 (12) 과음
  (13) 악곡 (14) 일과 (15) 도구 (16) 과거
  (17) 광장 (18) 대교 (19) 구명 (20) 화구

❷ (1) 구원할 구 (2) 볼 관 (3) 굽을 곡
  (4) 공부할/과정 과 (5) 넓을 광
  (6) 지날 과

❸ (1) 曲線 (2) 日課 (3) 關門 (4) 過速
  (5) 大橋 (6) 廣場 (7) 考古學
  (8) 人生觀 (9) 救急車 (10) 道具

❹ (1) 關 (2) 考 (3) 具 (4) 橋

❺ (1) 過 (2) 直

❻ (1) ②

❼ (1) ① (2) ②

❽ (1) ④ (2) ② (3) ③

❾ (1) 큰 다리 (2) 목숨을 구함 (3) 넓고 큼
  (4) 음악(악곡)을 만듦

❿ (1) 観, 观, 覌 (2) 関 (3) 広

⓫ (1) ① (2) ③ (3) ③

해답

이야기로 익히는 한자 4(73p)
⑴ ④ ⑵ ① ⑶ ⑤ ⑷ ② ⑸ ③ ⑹ ⑥

제 4회 기출 및 예상 문제 (74p~77p)
❶ ⑴ 구식 ⑵ 기간 ⑶ 특기 ⑷ 구기
⑸ 급수 ⑹ 기본 ⑺ 기차 ⑻ 월급
⑼ 귀하 ⑽ 국면 ⑾ 기술 ⑿ 친구
⒀ 이기 ⒁ 기금 ⒂ 규격 ⒃ 귀중
⒄ 약국 ⒅ 구면 ⒆ 기대 ⒇ 자기
❷ ⑴ 물끓는김 기 ⑵ 예 구 ⑶ 재주 기
⑷ 귀할 귀   ⑸ 법 규 ⑹ 몸 기
❸ ⑴ 規格 ⑵ 期間 ⑶ 貴下 ⑷ 電話局
⑸ 給食 ⑹ 汽車 ⑺ 基本 ⑻ 自己
⑼ 特技 ⑽ 親舊
❹ ⑴ 基 ⑵ 局 ⑶ 給 ⑷ 期
❺ ⑴ 新
❻ ⑴ ④
❼ ⑴ ② ⑵ ②
❽ ⑴ ① ⑵ ④ ⑶ ②
❾ ⑴ 새 것과 옛 것 ⑵ 귀하고 중요함
⑶ 특별한 기술, 특별히 잘하는 일
⑷ 물을 공급함
❿ ⑴ 舊
⓫ ⑴ ② ⑵ ① ⑶ ③

이야기로 익히는 한자 5(91p)
⑴ ⑤ ⑵ ① ⑶ ④ ⑷ ② ⑸ ③

제 5회 기출 및 예상 문제 (92p~95p)
❶ ⑴ 길일 ⑵ 만능 ⑶ 관념 ⑷ 입춘대길
⑸ 기능 ⑹ 단결 ⑺ 화단 ⑻ 통념
⑼ 담화 ⑽ 당국 ⑾ 덕행 ⑿ 문단
⒀ 재능 ⒁ 도래 ⒂ 도덕 ⒃ 반도
⒄ 면담 ⒅ 집단 ⒆ 능력 ⒇ 당사자
❷ ⑴ 단 단 ⑵ 섬 도 ⑶ 길할 길
⑷ 생각 념 ⑸ 능할 능 ⑹ 말씀 담

❸ ⑴ 三多島 ⑵ 才能 ⑶ 德談 ⑷ 花壇
⑸ 當然 ⑹ 吉日 ⑺ 團結 ⑻ 德行
⑼ 到來   ⑽ 信念
❹ ⑴ 團 ⑵ 德 ⑶ 到 ⑷ 當
❺ ⑴ 直
❻ ⑴ ③
❼ ⑴ ①
❽ ⑴ ③ ⑵ ① ⑶ ②
❾ ⑴ 사람이 살지 않는 섬(사람이 없는 섬)
⑵ 서로 만나서 이야기함
⑶ 길한 날/좋은 날
⑷ 그 일에 직접 관계가 있는 사람
❿ ⑴ 団   ⑵ 当
⓫ ⑴ ③ ⑵ ② ⑶ ②

제1회 모의 한자능력 검정시험

1. 관객
2. 친구
3. 도덕
4. 격식
5. 결과
6. 과객
7. 공고
8. 관심
9. 단합
10. 도구
11. 약국
12. 정가
13. 경례
14. 과속
15. 목례
16. 집단
17. 일과
18. 객실
19. 물가
20. 과외
21. 만능
22. 결산
23. 관문
24. 고발
25. 객석
26. 자기
27. 광장
28. 객주
29. 광고
30. 도래
31. 단결
32. 격언
33. 가격
34. 구식
35. 견문
36. 격식 격
37. 낮 주
38. 예 구
39. 노래 가
40. 갖출 구
41. 능할 능
42. 맺을 결
43. 마땅 당
44. 고할 고
45. 이길 승
46. 옷 복
47. 공경 경
48. 둥글 단
49. 손 객
50. 넓을 광
51. 볼 견/뵈올 현
52. 관계할 관
53. 큰 덕
54. 이를 도
55. 값 가
56. 은 은
57. 터 기
58. 누를 황
59. 新
60. 弱
61. 夕
62. ②
63. ④
64. ⑧
65. ⑤
66. ③
67. ④
68. ②
69. 童心
70. 地面
71. 事後
72. 멀고 가까움
73. 짧은 글
74. 몹시 기다림
75. 区
76. 医
77. 万
78. 自然
79. 姓名
80. 午前
81. 天下
82. 藥草
83. 場所
84. 風力
85. 正直
86. 每日
87. 運動
88. 科學
89. 地球
90. 多讀
91. 食堂
92. 世代
93. 對答
94. 全國
95. 世上
96. 秋夕
97. 主題
98. ⑧
99. ⑦
100. ③

제2회 모의 한자능력 검정시험

1. 가공
2. 가능
3. 개정
4. 과거
5. 거동
6. 물건
7. 건국
8. 건전
9. 경관
10. 경기
11. 고정
12. 가곡
13. 대교
14. 구국
15. 귀중
16. 규격
17. 급식
18. 기간
19. 구기
20. 기차
21. 길일
22. 교단
23. 특기
24. 면담
25. 반도
26. 견학
27. 결과
28. 고가
29. 객지
30. 결정
31. 경차
32. 능력
33. 곡선
34. 고발
35. 관광
36. 겨레 족
37. 맺을 결
38. 공부할/과정 과
39. 넓을 광
40. 판 국
41. 재주 기
42. 몸 기
43. 은 은
44. 이를 도
45. 생각 념
46. 둥글 단
47. 지날 과
48. 굳셀 건
49. 다리 교
50. 능할 능
51. 마땅 당

52. 섬 도
53. 기운 기
54. 다툴 경
55. 굽을 곡
56. 구원할 구
57. 하여금/부릴 사
58. 볕 양
59. 來日
60. 多幸
61. 三寸
62. 市內
63. 昨年
64. 開學
65. 區分
66. 野球
67. 三面
68. 科目
69. 特別
70. 始作
71. 反省
72. 窓門
73. 音樂
74. 農
75. 利
76. 習
77. 勝
78. 春
79. 重
80. 來
81. 主
82. ②
83. ⑥
84. ④
85. ⑧
86. ③
87. ①
88. ⑤
89. ③
90. ①
91. ⑥

92. 책을 읽음
93. 전하여 들리는 말
94. 지방에서 서울로 올라옴
95. 号
96. 楽
97. 図
98. ④
99. ⑤
100. ⑥

제3회 모의 한자능력 검정시험

1. 가중
2. 가결
3. 개명
4. 거국
5. 건물
6. 고유
7. 정원
8. 구급차
9. 귀하
10. 급수
11. 기술
12. 화단
13. 담화
14. 삼다도
15. 별세
16. 시장
17. 국면
18. 화친
19. 운명
20. 고백
21. 결심
22. 의견
23. 건재
24. 경합
25. 야경
26. 손자

27. 화구
28. 월급
29. 기금
30. 기대
31. 육성
32. 시조
33. 신념
34. 덕담
35. 당연
36. 가벼울 경
37. 창 창
38. 지날 과
39. 굽을 곡
40. 넓을 광
41. 생각 념
42. 물건 건
43. 아이 동
44. 친할 친
45. 법 규
46. 마땅 당
47. 섬 도
48. 볕 경
49. 통할 통
50. 값 가
51. 익힐 습
52. 다툴 경
53. 볼 관
54. 둥글 단
55. 뜻 의
56. 푸를 록
57. 모양 형
58. 들 거
59. 正答
60. 東海
61. 植木
62. 美人
63. 空氣
64. 成功
65. 放心
66. 正直

67. 老人
68. 祖父
69. 時計
70. 題目
71. 勝利
72. 石油
73. 世上
74. 邑
75. 球
76. 雪
77. 明
78. 頭
79. 新
80. 朝
81. 秋
82. ①
83. ④
84. ⑧
85. ⑥
86. ⑥
87. ②
88. ③
89. ⑤
90. ①
91. ③
92. 옛날과 지금
93. 나라를 구함
94. 길한 날, 좋은 날
95. 読
96. 気
97. 対
98. ⑥
99. ⑤
100. ⑤

수험번호 ☐☐☐-☐☐-☐☐☐☐   성명 ☐☐☐☐☐

생년월일 ☐☐☐☐☐☐   ※주민등록번호 앞 6자리 숫자를 기입하십시오.   ※성명을 한글로 작성.
※필기구는 검정색 볼펜만 가능

※답안지는 컴퓨터로 처리되므로 구기거나 더럽히지 마시고, 정답 칸 안에만 쓰십시오.
글씨가 채점란으로 들어오면 오답처리가 됩니다.

제1회 모의 한자능력검정시험 5급Ⅱ 답안지(1) (시험시간: 50분)

번호	정답	1검	2검	번호	정답	1검	2검	번호	정답	1검	2검
1				17				33			
2				18				34			
3				19				35			
4				20				36			
5				21				37			
6				22				38			
7				23				39			
8				24				40			
9				25				41			
10				26				42			
11				27				43			
12				28				44			
13				29				45			
14				30				46			
15				31				47			
16				32				48			

감독위원	채점위원(1)		채점위원(2)		채점위원(3)	
(서명)	(득점)	(서명)	(득점)	(서명)	(득점)	(서명)

제1회 모의 한자능력검정시험 5급 II 답안지(2)

번호	답안란 정답	채점란 1검	채점란 2검	번호	답안란 정답	채점란 1검	채점란 2검	번호	답안란 정답	채점란 1검	채점란 2검
49				67				85			
50				68				86			
51				69				87			
52				70				88			
53				71				89			
54				72				90			
55				73				91			
56				74				92			
57				75				93			
58				76				94			
59				77				95			
60				78				96			
61				79				97			
62				80				98			
63				81				99			
64				82				100			
65				83							
66				84							

※5급·5급Ⅱ ①과정을 마친 다음에
모의고사 답을 기재하세요.

수험번호 ☐☐☐-☐☐-☐☐☐☐ 성명 ☐☐☐☐☐
생년월일 ☐☐☐☐☐☐ ※주민등록번호 앞 6자리 숫자를 기입하십시오. ※성명을 한글로 작성.
  ※필기구는 검정색 볼펜만 가능

※ 답안지는 컴퓨터로 처리되므로 구기거나 더럽히지 마시고, 정답 칸 안에만 쓰십시오.
  글씨가 채점란으로 들어오면 오답처리가 됩니다.

제2회 모의 한자능력검정시험 5급 답안지(1) (시험시간: 50분)

번호	정답	1검	2검	번호	정답	1검	2검	번호	정답	1검	2검
1				17				33			
2				18				34			
3				19				35			
4				20				36			
5				21				37			
6				22				38			
7				23				39			
8				24				40			
9				25				41			
10				26				42			
11				27				43			
12				28				44			
13				29				45			
14				30				46			
15				31				47			
16				32				48			

감독위원	채점위원(1)		채점위원(2)		채점위원(3)	
(서명)	(득점)	(서명)	(득점)	(서명)	(득점)	(서명)

제2회 모의 한자능력검정시험 5급 답안지(2)

번호	정 답	1검	2검	번호	정 답	1검	2검	번호	정 답	1검	2검
49				67				85			
50				68				86			
51				69				87			
52				70				88			
53				71				89			
54				72				90			
55				73				91			
56				74				92			
57				75				93			
58				76				94			
59				77				95			
60				78				96			
61				79				97			
62				80				98			
63				81				99			
64				82				100			
65				83							
66				84							

(답안란 / 채점란 헤더: 답안란 | 채점란 반복)

수험번호 ☐☐☐-☐☐-☐☐☐☐   성명 ☐☐☐☐☐

생년월일 ☐☐☐☐☐☐   ※주민등록번호 앞 6자리 숫자를 기입하십시오.   ※성명을 한글로 작성.
※필기구는 검정색 볼펜만 가능

※ 답안지는 컴퓨터로 처리되므로 구기거나 더럽히지 마시고, 정답 칸 안에만 쓰십시오.
글씨가 채점란으로 들어오면 오답처리가 됩니다.

제3회 모의 한자능력검정시험 5급 답안지(1) (시험시간: 50분)

번호	정답	1검	2검	번호	정답	1검	2검	번호	정답	1검	2검
	답안란	채점란			답안란	채점란			답안란	채점란	
1				17				33			
2				18				34			
3				19				35			
4				20				36			
5				21				37			
6				22				38			
7				23				39			
8				24				40			
9				25				41			
10				26				42			
11				27				43			
12				28				44			
13				29				45			
14				30				46			
15				31				47			
16				32				48			

감독위원	채점위원(1)		채점위원(2)		채점위원(3)	
(서명)	(득점)	(서명)	(득점)	(서명)	(득점)	(서명)

※ 답안지는 컴퓨터로 처리되므로 구기거나 더럽히지 마시고, 정답 칸 안에만 쓰십시오. 글씨가 채점란으로 들어오면 오답처리가 됩니다.

제3회 모의 한자능력검정시험 5급 답안지(2)

번호	정답	1검	2검	번호	정답	1검	2검	번호	정답	1검	2검
49				67				85			
50				68				86			
51				69				87			
52				70				88			
53				71				89			
54				72				90			
55				73				91			
56				74				92			
57				75				93			
58				76				94			
59				77				95			
60				78				96			
61				79				97			
62				80				98			
63				81				99			
64				82				100			
65				83							
66				84							

(답안란 / 채점란)